W0041708

DIANA COOPER

DER GROSSE
ÜBERGANG
2012 – 2032

DIANA COOPER

DER GROSSE ÜBERGANG 2012–2032

Prognosen für die Menschheit und ihre Bewusstseinsentwicklung

Aus dem Englischen übersetzt
von Manfred Miethe

Ansata

Die englische Originalausgabe erschien 2011
unter dem Titel »Transition to the Golden Age in 2032«
im Verlag Findhorn Press, Schottland.

Verlagsgruppe Random House FSC-DEU-0100
Das für dieses Buch verwendete
FSC®-zertifizierte Papier *EOS*
liefert Salzer Papier, St. Pölten, Austria.

Ansata Verlag
Ansata ist ein Verlag der Verlagsgruppe Random House GmbH.

ISBN 978-3-7787-7448-9

11. Auflage 2011
Copyright © 2011 by Diana Cooper
First published by Findhorn Press, Scotland
Copyright © der deutschsprachigen Ausgabe 2011
by Ansata Verlag, München,
in der Verlagsgruppe Random House GmbH
Alle Rechte sind vorbehalten. Printed in Germany.
Einbandgestaltung: Guter Punkt, München,
unter Verwendung eines Motivs von © Allison/Shutterstock
Gesetzt aus der 10,7/13,2 Punkt Scala
von C. Schaber Datentechnik, Wels
Druck und Bindung: GGP Media GmbH, Pößneck

Inhalt

TEIL III   Vorbereitung auf den großen Übergang

Anhang

Vorwort

Vor knapp 30 Jahren war ich am Tiefpunkt meines Lebens angelangt und konnte für mich keine Zukunftsperspektive mehr sehen. Obwohl ich weder besonders spirituell noch religiös veranlagt war, rief ich um Hilfe. Daraufhin erschien mir ein Engel und nahm mich mit auf eine Reise, auf der er mir meine Zukunft zeigte. Diese Begegnung führte mich auf einen spirituellen Weg, der für mich zwar nicht immer leicht war, den ich aber entschlossen weitergehen werde.

Zehn Jahre nach ihrem ersten Erscheinen kamen die Engel wieder zu mir und trugen mir auf, den Menschen von ihnen zu erzählen. Unter ihrer Anleitung schrieb ich mein erstes Buch *A Little Light on Angels*[1] (die neue, überarbeitete Ausgabe heißt *A New Light on Angels*[2]). Seither spielen diese leuchtenden Wesen in den meisten meiner Veröffentlichungen eine große Rolle.

Ein paar Jahre später nahm mein Führer Kumeka mit mir Kontakt auf und ich habe seither mit ihm zusammengearbeitet. Kumeka stammt aus einem anderen Universum, kam aber in dieses, um bei der Vorbereitung auf das fünfte atlantische Experiment zu helfen, das zu einem Goldenen Zeitalter führte. Seither ist er jeweils in den entscheidenden Zeiten der Menschheitsgeschichte zurückgekehrt, um uns zu helfen. Ich weiß heute, dass Kumeka meine Zwillingsflamme ist. Wir stammen vom selben Planeten und teilen uns dieselbe Monade oder ICH-BIN-Gegenwart. Er selbst hat sich niemals inkarniert, aber wann immer ich mich inkarniere, leitet er mich an. Er musste mich in

---

[1]   Deutsche Ausgabe: *Der Engel-Ratgeber. In jeder Lebenslage Schutz, Beistand und Trost durch die himmlischen Wesen finden.* Ansata Verlag, München 2003.

[2]   Deutsche Ausgabe: *Der neue Engel-Ratgeber. Schutz, Beistand und Trost finden in jeder Lebenslage.* Heyne Verlag, München 2010.

jedem Leben suchen und finden. Mit anderen Worten: Er konnte mich erst dann finden, als mein Licht hell genug strahlte, dass er mich erkennen konnte.

Weil Kumeka niemals einen physischen Körper hatte, ist er ein strenger Lehrmeister, der keine Ahnung hat, was es bedeutet, einen Körper und Gefühle zu haben. So versteht er auch nicht, warum ich mich ausruhen muss, nachdem ich um die halbe Welt geflogen bin und auf der Tour jeden Tag Vorträge gehalten habe! Allerdings ist er immer da, wenn ich ihn brauche, und er versorgt mich mit unglaublichen Informationen. Außerdem vertraue ich ihm vollkommen.

Wenn Kumeka der Meinung ist, ich würde ihm nicht aufmerksam genug zuhören, oder wenn er meine Aufmerksamkeit dringend auf etwas lenken will, dann peinigt er meinen Körper. Sechs furchtbare Monate lang meldete er sich immer mit einem fürchterlichen Ischiasschmerz, wenn er mit mir sprechen wollte. Da er dies häufig beim Autofahren tat, fürchtete ich mich davor, längere Strecken zu fahren, weil ich plötzlich von stechenden Schmerzen befallen wurde und aussteigen musste, um meine verkrampften Beine wieder zu lockern. Es dauerte eine Zeit lang, bis ich endlich begriffen hatte, dass Kumeka dafür verantwortlich war. Als ich es herausfand, war ich alles andere als davon angetan. Wir diskutierten darüber, und er versprach mir, sich nicht mehr mit Ischiasschmerzen bei mir zu melden, sondern mit einem Summen im linken Ohr. Auch andere Meister und Engel sprechen in mein linkes Ohr. Ich meinerseits versprach, ihm aufmerksamer zuzuhören. Seither habe ich nicht einmal Ischiasschmerzen gehabt.

Das andere mächtige erleuchtete Wesen, das mich mit Informationen versorgt und ständig bei mir ist, ist der universelle Engel Metatron. Auch er stammt nicht aus diesem Universum, aber er ist dafür verantwortlich, dass unser Planet aufsteigen und in das neue goldene Zeitalter eintreten kann. Er hilft einzelnen Menschen, ihr Sternentor-Chakra zu öffnen, arbeitet aber auch mit dem planetarischen Sternentor-Chakra. Metatrons Energie ist von einem strahlenden golden-orangefarbenen Ton. Er und seine Engel erscheinen auf Fotos häufig als Orbs, um uns bei unserem Aufstieg zu helfen. Metatron macht mich auf sich aufmerksam, indem er es in meinem rechten Ohr summen lässt. Er ist der Einzige, der dieses Ohr gewählt hat, und wenn er sich meldet, spüre ich dies häufig als stechenden Schmerz. Dann weiß ich, dass er Engelstöne benutzt, um einen möglichen Widerstand gegen seine Botschaft von vornherein zu brechen.

Jeder Mensch auf Erden hat Geistführer und Engel, die ihm auf seinem Weg helfen, und wenn wir diese Wesen erkennen, wird unser Leben von Freude erfüllt. Ich fühle mich ganz besonders gesegnet, derart wunderbare Führer und Engel an meiner Seite zu wissen.

Ich kann nicht besonders gut meditieren. Mit gekreuzten Beinen vor einer Kerze zu sitzen, klappt einen Moment lang vielleicht noch ganz gut, aber dann verhindern die Schmerzen in den Knien und im Rücken, dass ich wirklich in die Stille eintreten kann. Ich habe herausgefunden, dass ich Informationen empfangen kann, wenn ich im nahe gelegenen Nadelwald spazieren gehe. Außerdem melden sich Kumeka, Metatron oder andere Engel und Meister immer wieder unerwartet und völlig überraschend mit Kommentaren oder Informationen bei mir. Ich versuche, stets offen zu sein, um ihre Hinweise empfangen zu können.

Was mich in den letzten 20 Jahren am meisten ermutigt hat, ist die Öffnung der Religionen gegenüber einer höheren Form der Spiritualität. Jedes Dogma beruht auf Angst, aber diese Angst wird sich nun in Liebe verwandeln. Die Aktivierung des Portals in Mesopotamien (Irak) wird den Arabern ihr Selbstwertgefühl zurückbringen und dazu beitragen, dass sich die strengen Dogmen des Islam auflösen, sodass sich die Muslime ihren religiösen Überzeugungen auf spirituelle Weise nähern können. Die Christen werden keine Angst mehr vor Gott haben, sondern sich der Liebe Gottes erfreuen. Die Juden werden Demut lernen und nach friedlichen Lösungen für ihre Probleme suchen. Viele Meisterinnen wie Katharina von Siena, Maria Magdalena und die heilige Teresa von Ávila treten nun hervor, um allen Religionen dabei zu helfen, im neuen goldenen Zeitalter spirituell zu werden.

Als ich im Jahre 2009 das Buch *2012 and Beyond*[3] schrieb, war ich angesichts der großartigen spirituellen Chancen, die vor uns liegen, von großer Begeisterung erfüllt. In diesen Jahren strömen unglaubliche und ganz außergewöhnliche Energien auf die Erde ein, um uns durch die 20-jährige Übergangsphase in das neue Goldene Zeitalter zu katapultieren. Nachdem das Buch erschienen war, meldeten sich viele Menschen bei mir, die wissen wollten, wie die genauen Vorhersagen für ihre Länder waren, sodass ich mich noch einmal auf meine geistige Führung einstimmte, um Vorhersagen für die ganze Welt zu empfangen.

Wie ich in diesem Buch noch ausführen werde, sind einige der Vorhersagen, wie die großen Überschwemmungen in Australien, schon eingetroffen, weil die große Reinigung bereits begonnen hat. Eine Vorhersage ist nicht mehr als die Ahnung einer Wahrscheinlichkeit, die auf dem gegenwärtigen Bewusstsein beruht. Wir alle können die Zukunft verändern, indem wir unser Bewusstsein immer mehr erweitern und unser Bewusstseinsniveau immer weiter anheben.

---

[3] Deutsche Ausgabe: *2012. Die Welt nimmt Kurs auf das neue Goldene Zeitalter.* Ansata Verlag, München 2009.

TEIL I

Der Übergang

1 Allgemeine globale Vorhersagen
2012 – 2032

Eine Vorhersage bezieht sich immer auf ein mögliches Resultat, das auf den Umständen und Denkweisen von Menschen zu einem gegebenen Zeitpunkt beruht. Daher ist keine Vorhersage in Stein gemeißelt. Menschen verändern sich und entwickeln ihre Vorstellungen und ihr Bewusstsein weiter, was sich auf jedes zukünftige Ereignis auswirkt.

Lichtarbeiter haben heilende Energie, Licht, Liebe und Freude auf viele dunkle Orte konzentriert und dadurch das dortige Karma aufgelöst und die negative Energie verändert. Das bedeutet, dass an solchen Orten keine weitere Reinigung notwendig ist und die Zukunftsaussichten weitaus positiver werden.

Ein Beispiel dafür ist Polen. Die schwere Energie und das fortgesetzte Festhalten an der schrecklichen Vergangenheit von Auschwitz haben die Entwicklung des Landes jahrelang aufgehalten. Viele Gruppen spiritueller Menschen sind in diese Region gereist und haben in reichem Maße Licht dorthin gebracht, das die Gegend zumindest für eine gewisse Zeit gereinigt hat. Doch dann kamen wieder andere Menschen, die Schwermut, Verdammung und Verurteilung mitbrachten und den Ort wieder mit Finsternis erfüllten. Aber die ganze Region wird leichter und heller, weil dort so viele Menschen reine Energie investiert haben. Je mehr Menschen dies tun, desto weniger Reinigung wird in der Zukunft nötig sein.

Außerdem haben die Überseelen mehrerer Länder eine Reinigung beschleunigt. Pakistan war voll von kriegerischen Egos und altem Karma, das einer großen Läuterung bedurfte. Ursprünglich wurde vorhergesehen, dass diese um das Jahr 2017 geschehen sollte. Aber die Überseele des Landes erkannte die Bedeutung der bevorstehenden Veränderungen an und wollte sich voll und ganz an dem zweifachen Dimensionssprung auf der Erde beteiligen. Aus diesem Grund bat sie darum, dass die Läuterung bereits vorzeitig beginnen möge, damit die Menschen aufwachen. Die furchtbaren Überschwemmungen von 2010 stellten die ersten Phasen dieses Umbruchs dar.

Es gibt viele Einflüsse, welche die Welt betreffen und derer wir uns nicht gewahr sind. Das Einströmen von Millionen von Engeln, die Wiedergeburt vieler hoch entwickelter Seelen sowie die Öffnung uralter Portale und heiliger Stätten der Weisheit werden massive Auswirkungen auf den Planeten haben. Zudem wurden in grauer Vorzeit viele Energien im Boden eingebracht, die nun während der Übergangsphase aktiviert werden, um der Menschheit zu helfen, die notwendigen Veränderungen vorzunehmen.

Die Weltwirtschaft

Nie zuvor hat die Welt einen Wandlungsprozess wie den gegenwärtigen erlebt, der alles auf den Kopf stellen wird. Die Wirtschaft wird sich während der Übergangsphase auf dramatische Weise verändern, bis Geld keine Rolle mehr spielt. Konzerne, die Dinosauriern gleichen und sich nicht auf das neue Paradigma einstellen können, werden zusammenbrechen und durch kleinere Unternehmen ersetzt werden, die zum Wohle von Tieren, Menschen und des gesamten Planeten arbeiten. Bis 2020 werden auf der ganzen Welt die Regierungen die Macht der Banken beschränkt haben und viele Großkonzerne werden um ihr Überleben kämpfen. Sie werden sich im Geheimen und hinterrücks wehren, indem sie versuchen werden, eine globale Regierung zu etablieren, aber schließlich wird das wachsende Bewusstsein der Menschen sie hinwegfegen.

Die Menschen werden einen immer größer werdenden Einfluss auf Entscheidungen haben, die bisher den Banken, Großkonzernen und Regierungen vorbehalten waren.

Von einer übergeordneten spirituellen Sicht aus gesehen, werden die Rezession und die finanziellen Probleme, die durch die Entscheidungen der Regierungen überall auf der Welt geschaffen wurden, falsch interpretiert. Die weltweite Verschuldung ist gar keine Verschuldung, sondern ein Defizit, da das geschuldete Geld nur virtuell existiert. Wir versuchen, etwas zu lösen, was nicht gelöst werden kann. Daher müssen wir bereit sein, globale Veränderungen vorzunehmen. China besitzt »falschen Reichtum«, der auf illusorischem Geld beruht. Wie die Banken so spielt auch die chinesische Regierung nicht mit echtem Geld, sondern mit Versprechungen. Sie zerstört die Umwelt, um diese Illusion zu erzeugen, die den Menschen aber nicht in materieller Form zurückgegeben werden kann. Die globale Verschuldung könnte auf einfache Weise gelöst werden, indem man gar nicht erst versuchen würde, die Schulden zu begleichen. Das würde den Großkonzernen natürlich nicht gefallen, weil sie ihre Macht nicht verlieren wollen. Die globale wirtschaftliche Lage erfordert eine globale Übereinkunft. Damit eine solche aber erzielt werden kann, müssen die Staaten der Welt einander vertrauen.

Da Geld weniger Bedeutung haben wird, werden Kreativität, Musik, Kunst und Sport wieder zu Ehren kommen. Die Menschen werden Verantwortung für ihren eigenen Gesundheitszustand und ihren eigenen Heilungsprozess übernehmen und dabei natürliche Methoden bevorzugen. Ein Überwachungsstaat wird nicht länger akzeptiert werden. Teilhabe, Fürsorglichkeit und Gemeinschaftlichkeit werden uns in die fünfte Dimension führen.

Arbeitslosigkeit und was man dagegen tun kann

Seit Generationen haben die Menschen zum Teil widerwärtige Arbeiten verrichtet, nur um Geld für das reine Überleben zu verdienen und ein Dach über dem Kopf zu haben. Da dies aber nicht mehr in Übereinstimmung mit der neuen Energie ist, die den Planeten durchströmt, hat das Höhere Selbst vieler Menschen sie aufgerufen, sich Arbeit zu suchen, die ihnen Freude macht und ein Gefühl der Lebendigkeit verschafft, die ihre Kreativität hervorlockt und es ihnen ermöglicht, in der fünften Dimension zu leben. Als Folge davon werden viele solcher Menschen plötzlich entlassen und finden keine Arbeit mehr.

Viele Arbeitslose drehen sich im Kreis und verbringen Stunden damit, sich um Stellen zu bewerben, die ihren vorherigen Jobs ähneln, aber das ist reine Energieverschwendung. Diese Menschen sind aufgerufen, sich spirituell weiterzuentwickeln, um ihre Schwingungsfrequenz anzuheben. Wenn ihre Schwingung der Schwingung ihrer perfekten Seelenarbeit entspricht, wird die richtige Beschäftigung automatisch den Weg zu ihnen finden.

Erzengel Gabriel, der für das kosmische Portal über dem kalifornischen Mount Shasta verantwortlich ist, bringt Klarheit in dieses Dilemma. Wenn Sie in einer solchen Situation sind, bitten Sie jeden Abend vor dem Schlafengehen darum, während des Schlafes Gabriels Refugium besuchen zu dürfen, um dort geläutert zu werden und Klarheit über Ihren richtigen Weg zu finden, der göttlich vorherbestimmt ist. Sie können natürlich auch täglich mit Erzengel Gabriel darüber meditieren.

Eine weitere Möglichkeit, die richtige Arbeit zu finden, besteht darin, sich daran zu erinnern, was Ihnen als Kind Freude bereitet hat. Was war Ihre Vision, bevor Sie in die Welt der Erwachsenen hineingezwängt wurden? Was wollten Sie mehr als alles andere tun? Beginnen Sie, mehr von dieser Tätigkeit zu verwirklichen, selbst wenn Sie nicht erkennen können, wie Sie sich damit Ihren Lebensunterhalt verdienen sollen. Wenn Sie der Bestimmung Ihrer Seele bereits so nah wie möglich gekommen sind, wird dies sehr schnell Folgen zeitigen. Sollte dies noch nicht der Fall sein, brauchen Sie etwas Geduld. Aber das Universum wird Sie unweigerlich in die richtige Richtung führen.

Gesundheit

Überall auf der Welt wird Stress zunehmen, der durch die ökonomische Falschheit verursacht wird und dazu führt, dass bestimmte Menschen sich vermehrt dem Alkohol und anderen Drogen zuwenden. Andere Menschen hingegen werden autarke Gemeinschaften gründen, in denen der Stress durch Freundschaft und Freude ausgeglichen wird.

Der allgemeine Gesundheitszustand der Menschheit wird sich von Land zu Land sehr stark unterscheiden, denn in bestimmten Regionen wie Afrika und Indien wird es zu Hungersnöten kommen – es sei denn, wir verändern unsere Energie und öffnen unsere Herzen. Wenn wir alle aufhören, uns auf die falschen Dinge zu konzentrieren und uns stattdessen alternativen Lösungen, einer besseren Erziehung und Ausbildung und der Erweiterung unseres Bewusstseins zuwenden, können wir die Zukunftsaussichten der Menschheit und des ganzen Planeten verbessern. Dazu müssen wir aber in und zwischen den Nationen Vertrauen entwickeln. Diese Situation mag sich allerdings noch verschlimmern, bevor sie besser wird, aber bis zum Jahr 2020 werden die Menschen überall auf der Welt zusammenarbeiten.

✦ Nützliche Hilfsmittel

1. Lernen Sie, wie Sie sich selbst versorgen können. Bauen Sie Gemüse an, pflanzen Sie Bäume und lernen Sie mehr über Hühnerzucht.
2. Gehen Sie häufiger zu Fuß und benutzen Sie so oft wie möglich ein Fahrrad.
3. Gründen Sie in Ihrer Nachbarschaft eine Bank der guten Taten, indem Sie aufmerksam für Gutes sind und es honorieren. So können die Menschen ein Gefühl des Wohlwollens gegenüber ihren Nachbarn entwickeln und einander helfen.
4. Segnen Sie jede Art von Wasser.
5. Lernen Sie Ihre Nachbarn besser kennen.
6. Essen Sie lokal angebautes Gemüse und Obst.
7. Nehmen Sie Kontakt zu den Elementarwesen und Engeln auf.
8. Schauen Sie sich die Sterne an und verbinden Sie sich mit ihnen.
9. Seien Sie jeden Tag dankbar.
10. Meditieren Sie.
11. Lieben Sie Ihren Nächsten.
12. Lieben Sie sich selbst.

2   Spirituelle Einflüsse 2012

Der Name »der große Übergang« bezeichnet die 20-jährige Periode zwischen dem alten drei- und vierdimensionalen Zeitalter der Erde, das 2012 endet, und dem neuen fünfdimensionalen Zeitalter, das 2032 beginnt. Das Jahr 2012 markiert das Ende einer 260 000 Jahre währenden kosmischen Ära auf der Erde. Wir leben in einer unglaublich bedeutungsvollen Zeit, weil neue Energien auf den Planeten einströmen und gewaltige Veränderungen der Schwingungsfrequenz in diesem Jahr stattfinden werden. Fast sieben Milliarden Seelen wurde die Erlaubnis erteilt, sich jetzt zu inkarnieren, damit sie die Möglichkeit haben, genau die Herausforderungen zu erleben, die ihr spirituelles Wachstum beschleunigen werden. Eine große Anzahl dieser Seelen wird vor 2032 in die geistige Welt zurückkehren, um ihre irdischen Erfahrungen mit den Bewohnern ihrer Heimatplaneten zu teilen.

Im Folgenden führe ich die spirituellen Einflüsse auf, welche im Jahr 2012 auf uns einwirken.

Die zwölf fünfdimensionalen Chakras des Planeten öffnen sich und verbinden uns mit der Weisheit der Sterne.
Diese Chakras üben einen machtvollen Einfluss auf die betreffenden Regionen, aber auch auf die Welt insgesamt aus. Je mehr Menschen spirituell erwachen und mit ihren eigenen fünfdimensionalen Chakras arbeiten, desto leichter wird der Übergang für den ganzen Planeten sein.

Dies sind die Standorte der planetarischen Chakras:

1. Das Erdstern-Chakra befindet sich London in Großbritannien.
2. Das Basis-Chakra liegt in der Wüste Gobi in China.
3. Das Sakral-Chakra befindet sich in Honolulu, Hawaii.

4. Das Nabel-Chakra liegt auf den Fidschi-Inseln.
5. Das Solarplexus-Chakra erstreckt sich über ganz Südafrika.
6. Das Herz-Chakra befindet sich in Glastonbury in Großbritannien.
7. Das Kehl-Chakra liegt in Luxor in Ägypten.
8. Das Dritte-Auge-Chakra befindet sich in Afghanistan.
9. Das Kronen-Chakra liegt in Machu Picchu in Peru.
10. Das Kausal-Chakra befindet sich in Tibet.
11. Das Seelenstern-Chakra liegt in Agra in Indien.
12. Das Sternentor-Chakra befindet sich in der Arktis.

33 kosmische Portale öffnen sich und tauchen die betreffenden Regionen in das Christus-Licht.
Das Christus-Licht ist eine goldene Energie, die Weisheit, Heilung, Schutz und bedingungslose Liebe in sich trägt, die sich auf der Erde und unter den Menschen ausbreiten wird. Dieses Licht löst das Alte auf und ermöglicht es den Menschen, sich auf höhere Schwingungsfrequenzen einzustimmen.

Viele andere heilige Stätten und Portale beginnen sich zu öffnen.
Viele der heiligen Stätten und Portale der Welt sind zurzeit noch geschlossen oder nur teilweise offen. Ihr Erwachen wird sich 2012 beschleunigen, was sich auf die Menschheit auswirken wird. Beispiele sind der Tafelberg in Südafrika und Uluru (Ayers Rock) in Australien. Selbst das große interdimensionale Zweiwegportal namens Stonehenge in Großbritannien war nur teilweise offen. Die meisten der heiligen Stätten, Pyramiden und Portale in China waren bisher geschlossen und werden einen gewaltigen Einfluss ausüben, wenn sie sich öffnen – auch wenn dies zunächst einige Verwirrung stiften wird.

Die Weisheit des siebendimensionalen Chakras der Hohlerde, in dem das gesamte Wissen unserer Welt gespeichert ist, wird uns zur Verfügung stehen.
Im Zentrum des Planeten befindet sich ein siebendimensionales Paradies, das *Hohlerde* genannt wird. Es stellt einen der goldenen kosmischen Schlüssel zum Universum dar und ent-

Der Übergang

hält die große Pyramide von Hohlerde, in der die gesamte Weisheit und alles Wissen aller Zivilisationen, aller Goldenen Zeitalter, Portale und Reiche der gesamten Menschheitsgeschichte gespeichert sind. Wenn die Menschen anfangen, sich damit zu verbinden, wird das gesamte Universum Harmonie erlangen.

Die Weisheit des Kristallschädels von Thot wird verfügbar gemacht. Während des Goldenen Zeitalters von Atlantis programmierte der Hohepriester Thot einen Kristallschädel mit der Weisheit und dem Wissen seines Stammes. Dieses Wissen wird 2012 verfügbar sein und einen tief greifenden Einfluss auf alle ganzheitlichen Heilmethoden haben.

Am 21. Dezember 2012 um 11:11 Uhr Ortszeit wird es einen kosmischen Moment geben, in dem die reine Energie des göttlichen Quells all jenen Menschen zur Verfügung stehen wird, die sich darauf einstimmen. Es wird einen vorbereitenden kosmischen Moment am 11.11.2011 geben, während dem die Energie des göttlichen Quells einige Augenblicke lang verfügbar ist. Der kosmische Moment im Jahre 2012 ist allerdings jener, der von der Weisheit der Alten – zum Beispiel der Mayas – prophezeit wurde. In diesem Augenblick öffnen sich die Portale des Himmels und ein unbeschreibliches Licht wird auf die Erde strömen.

3 Spirituelle Einflüsse zwischen 2012 und 2032

*Die große Pyramide in der Hohlerde wird sich an den großen Pyra-
miden im Zentrum aller Sterne ausrichten, um das Universum bis
2032 zu harmonisieren.*
Wenn das spirituelle Herzzentrum des Planeten in Glastonbury in Großbritannien 2012 erwacht, wird es sich mit dem kosmischen Herzen verbinden und die Kristallpyramiden von Atlantis aktivieren, die überall im Universum verteilt sind. Dadurch
wird es den Herzzentren aller Planeten, Sterne und Galaxien
dieses Universums ermöglicht, sich bis 2032 zu harmonisieren.
Dann wird das gesamte Universum fünfdimensional werden.

*Wer bereits in Lemuria inkarniert war, wird erwachen und die
lemurischen Kristalle zur Heilung des Planeten aktivieren.*
Vor Äonen erschufen die Lemurer extrem machtvolle Heilkristalle, die eigens dafür programmiert wurden, uns während der
20-jährigen Übergangsphase zu helfen.

2012 markiert den Beginn des Aufstiegs aller Universen.
Während des 20-jährigen Übergangs wird jedes der zwölf Universen seine Schwingungsfrequenz erhöhen. Das zwölfdimensionale
Universum wird mit der Gottheit verschmelzen. Das eindimen-
sionale Universum wird zweidimensional werden und so weiter.
Ein neues eindimensionales Universum wird erschaffen werden.
Unser Planet befindet sich zurzeit in einem vierdimensionalen
Universum, das bis 2032 fünfdimensional werden wird. Die Erde
hat die Entwicklung unseres Universums bisher aufgehalten, da sie
bis vor Kurzem nur eine dreidimensionale Schwingungsfrequenz
hatte. 2010 haben wir die vierte Dimension erreicht, weil eine
ausreichende Zahl von Menschen ihr Herz geöffnet hat. Während
des großen Übergangs müssen wir unsere Schwingung weiter

erhöhen, um in die fünfte Dimension zu gelangen. Vor allem müssen wir unsere Schwingungsfrequenz sehr schnell anheben.

Zeitrahmen

2012	Ende der 260 000 Jahre währenden Ausatmung.
2012 – 2023	Elfjährige Einatmung. Diese Phase lässt sich vielleicht am besten mit der Vorbereitung auf einen Umzug vergleichen. Bevor gepackt wird, wird alles erst einmal sortiert. Was nicht mehr gebraucht wird, wird weggeworfen. Was versteckt oder verloren war, kommt ans Tageslicht und wird untersucht. Dachböden und Keller werden ebenso wie die Schränke ausgeräumt. Wenn die Räumung beginnt, werden wir die Auswirkungen auf den Planeten deutlich sehen können. Wir haben dann die Möglichkeit, unsere Energie einzusetzen, um die Welt zu reinigen, statt selbst dem Reinigungsprozess zum Opfer zu fallen.
2017 – 2022	Hauptreinigungsphase des Planeten. Während dieser Phase wird die Natur mithilfe der Elemente all jene Regionen reinigen, in denen noch niedere Energien vorhanden sind.
2023 – 2032	Neunjährige Pause als Vorbereitung auf 2032.

Was wird 2032 geschehen?

Ein neuer fünfdimensionaler Bauplan wird für unseren Planeten und unser gesamtes Universum implementiert. Alle Schwingungsfrequenzen werden angehoben – also auch die von Bäumen, Blumen, Tieren, Fischen und Menschen.

Mein Führer Kumeka lud mich ein, im Schlaf den göttlichen Quell aufzusuchen, um mein Leben zu feiern. Ich bat darum, zum Quell gehen zu dürfen, und als ich am Morgen erwachte, war ich in ein ganz zartes rosafarbenes Licht gebadet, das bei mir blieb. Als ich meinen morgendlichen Spaziergang im Wald machte, atmete ich das zarte rosafarbene Licht in die Bäume und Blumen aus. Zu meinem Entzücken kam einer meiner kleinen Feen-Freunde auf mich zugehüpft und bat mich, dies so oft wie möglich zu tun, da ich auf diese Weise den Blumen helfen würde, auf eine höhere Frequenz zu gelangen.

Während dieser Phase werden sich jene Seelen, die nicht mindestens eine vierdimensionale Energie aufrechterhalten können, mit offenem Herzen und einem gewissen spirituellen Verständnis dafür entscheiden, den Planeten zu verlassen. Wenn sie aus diesem Universum stammen, werden sie in die inneren Welten zurückkehren, um dort weiter ausgebildet zu werden. Stammen sie aus einem anderen Universum, werden sie auf ihren Heimatplaneten zurückkehren.

Außerdem werden sich viele vier- und fünfdimensionale Seelen entscheiden »heimzukehren«, wenn sie merken, dass sie uns von dort aus besser helfen können.

Es wird zu einem beträchtlichen Exodus kommen, da viele Seelen alles gelernt haben, was sie auf der Erde lernen konnten.

TEIL II

Neue Vorhersagen für einzelne Länder

4 EUROPA – ein Überblick

Das Wetter

Im Lauf der Jahre werden sich die klimatischen Bedingungen verändern und unbeständiger werden. Einige Gebiete werden austrocknen, andere werden überschwemmt. In bestimmten Gegenden ist die Umweltverschmutzung sehr hoch. Diese Bereiche werden allmählich durch die einströmenden höheren Energien und die vielen hochfrequenten Portale gereinigt. Wo Land gereinigt werden muss, geschieht dies vor allem durch Überschwemmungen. Daher sind alle tief liegenden Landstriche gefährdet. Wir müssen zudem mit unerwarteten Erdbeben, Stürmen und Feuersbrünsten rechnen – selbst in Regionen, die bisher nicht betroffen waren.

Die Wirtschaft

Ökonomisch betrachtet wird die erwartete Double-dip-Rezession[4] weite Schichten ins Elend stürzen. In Europa und anderswo werden die Menschen so aufgebracht über die Gier der Banker sein, dass sich dieser Zorn ein Ventil schaffen muss. Dann erst werden die Regierungen die Macht der Banken beschränken. Im Jahr 2020 werden die Menschen entsetzt sein, wenn sie daran denken, was jetzt alles gestattet war.

2020 werden die Menschen auch nicht mehr daran glauben, dass Versicherungen ihnen Sicherheit bringen können. Selbst-

---

[4] Bei einer Double-dip-Rezession kommt es nach dem ersten Konjunkturrückgang, gefolgt von einem kurzfristigen Aufschwung, zu einer zweiten Rezession. (Anm. d. Übers.)

verantwortlichkeit wird vorherrschen und die Menschen werden immer mehr Selbsthilfeorganisationen gründen.

In Europa ebenso wie in anderen Teilen der Welt werden Nahrung und Wasser bis zum Jahr 2032 wichtiger sein als Geld.

Spirituelle Einflüsse

Europa befindet sich in der Obhut von Erzengel Raphael, dem smaragdgrünen Engel der Heilung. Da sich der Kontinent ständig verändert, existieren hier viele verschiedene Energien. Spirituell betrachtet weckt das Leben in Europa die Menschen auf und öffnet ihre Chakras, sodass sich immer mehr Menschen mit ihren Führern und Engeln verbinden können. Europa ist für das spirituelle Wachstum ein sehr interessanter Kontinent.

Es existieren drei kosmische Portale in Europa, die sich jetzt öffnen. Durch sie wird das Christus-Licht einströmen und sich über den ganzen Kontinent ausbreiten.

Das erste Portal befindet sich in York und den Yorkshire Dales in Großbritannien. Es verbreitet ein reines, zartes Licht. Das zweite, das sich in Andorra befindet, wird besonders Spanien mit seiner hochfrequenten Energie überfluten. Das dritte befindet sich unter der Meeresoberfläche vor der Küste von Marseille. Da es mit dem Refugium von Maria Magdalena verbunden ist, wird es einen starken Einfluss auf die Welt haben und das Denken der Massen durch die göttlich-weibliche Weisheit beeinflussen.

Überall in Europa existieren viele weitere Portale und heilige Stätten, die sich vollständig öffnen werden. Dadurch wird die Schwingungsfrequenz der Europäer schnell und deutlich spürbar angehoben werden.

5 Vorhersagen für die europäischen Länder

Andorra

Das 26. kosmische Portal der Christus-Energie befindet sich in den Bergen von Andorra. Bisher war es inaktiv, wird sich aber 2012 öffnen. Dieses Portal steht unter einem Feuerzeichen und wird von Drachen, den vierdimensionalen Elementarwesen, bewacht. Sie sind dort, um all jenen, die Mut in ihrem Herzen tragen, ewiglich Stärke zu verleihen und Schutz zu gewähren. Jene, die sich als würdig erweisen, werden entdecken, dass Drachen zu treuen Freunden und Gefährten werden, ihre Entwicklung anleiten und ihnen Wohlstand bringen können. Drachen teilen ihr Verständnis von Wohlstand und Überfluss in Übereinstimmung mit den geistigen Gesetzen zum Wohle aller mit uns.

Überall auf der Welt werden sich Menschen auf Andorra einstimmen, um sich mit den Feuerdrachen zu verbinden und mit ihnen zu arbeiten. Dieses Portal wird jeden Menschen auf unterschiedliche Weise beeinflussen. Stimmen Sie sich darauf ein, wenn Sie dazu bereit sind, und seine Energie wird Ihnen zeigen, wer Sie wirklich sind. Es wird Sie auch in die Wunder des Weltraums, des Universums und der geistigen Welt einweihen.

Diese hohe Energie wird die Korruption und Negativität, die man mit Andorra assoziiert, auflösen und läutern. Dann werden die den Bergen innewohnende Schönheit und Drachenenergie es dem Land ermöglichen, zu strahlen und wahrhaft wohlhabend zu sein. Bis zum Jahr 2022 wird Andorra seinen wahren Seelenausdruck finden.

Bosnien

Die im Krieg begangenen Grausamkeiten und das dadurch verursachte Leid hängen immer noch wie ein grauer Schleier über dem ganzen Land. Selbst in den Bergen, wo die Energie normalerweise rein und klar ist, herrschen noch Trauer und Zorn vor, die dringend geheilt werden müssen. Angst, Wut und Aggression haben Bosnien seit Jahrhunderten heimgesucht, wodurch sich jenes Täter-Opfer-Szenario entwickeln konnte, das zu dem furchtbaren Völkermord führte, der seine Narben im Land hinterlassen hat. Verborgen unter der Barbarei, an der beide Seiten in unterschiedlichen Rollen teilhatten, liegt eine gewaltige Angst vor Verlust, Zorn über die Unterdrückung und gegenseitiges Misstrauen.

Die ganze Welt, die zunächst zugesehen und die Situation ignoriert hatte, trägt aufgrund ihrer Untätigkeit einen Teil des Karmas. Daher schuldet die ganze Welt dieser Region etwas. Nun haben alle Seiten endlich damit begonnen, Verantwortung für sich selbst zu übernehmen und damit Herren ihres eigenen Schicksals zu werden. Eine große Reinigung durch Erde, Luft, Feuer und Wasser ist notwendig. Allerdings bringen die unglaubliche Schönheit des Landes und die Zähigkeit seiner Bewohner bereits wieder Freude und Hoffnung in diesen Teil der Welt.

Dänemark

Dänemark ist fast vollständig vom Meer umgeben, was dazu beigetragen hat, dass die dortige Energie noch einigermaßen rein ist, obwohl das Karma der kriegerischen Vergangenheit noch aufgelöst werden muss. Aus der Zeit der deutschen Besatzung herrschen im kollektiven Bewusstsein noch große Traurigkeit und starkes Misstrauen vor. Diese werden aber durch das Licht, das 2012 einströmt, aufgelöst, sodass sich in diesem Land ganz natürlich fünfdimensionale Gemeinschaften bilden können.

Deutschland

Das Land muss noch vom Rest der aus den Kriegen stammenden Finsternis gereinigt werden. Daher wird es zu unerwarteten Wetterphänomenen kommen, durch die das Alte umgewandelt werden wird. Deutschland spielt in der Welt eine zweifache Rolle. Es ist der Hüter des fünfdimensionalen Lichtes des Planeten. Weil dazu auch ein goldener Schlüssel zu den 33 kosmischen Portalen gehört, arbeitet Deutschland eng mit Erzengel Sandalphon zusammen, welcher der Türhüter zu Hohlerde ist. Das Land hat sich nach dem Ende des Zweiten Weltkriegs diese Rolle verdient, weil es die Vereinigung von Ost- und Westdeutschland auf fünfdimensionale Art und Weise bewerkstelligt hat.

Die Schuldgefühle, die im kollektiven Bewusstsein Deutschlands verankert sind, werden bis 2012 vollständig aufgelöst sein. Schuldgefühle ziehen immer Strafe an, sodass die Deutschen ein überwältigendes Gefühl der Erleichterung und eine Zunahme ihres Selbstwertgefühls verspüren werden, wenn die alten Schuldgefühle endlich aufgelöst sind. Dann kann das Land seine führende Rolle auf dem Weg hin zu Erleuchtung und Aufstieg wahrnehmen.

Seit dem Ende des Zweiten Weltkriegs haben sich Tausende reifer, weiser Seelen dafür entschieden, sich in Deutschland zu inkarnieren, um einerseits das alte Karma dort zu mildern und andererseits das höhere Licht für Kontinentaleuropa leuchten zu lassen.

Viele deutsche Wissenschaftler und Techniker arbeiten eng mit Meister Hilarion, dem Chohan des fünften Strahls der Technologie und Wissenschaft, zusammen, um spirituelle Technologien für das neue Goldene Zeitalter zu entwickeln.

Manche Seelen, deren Körper während der Nazizeit für Experimente missbraucht wurden, haben sich wieder inkarniert. Auf der Zellebene existiert noch Angst, aber sie gestatten nun, dass ihre Körper durch zelluläre Lichttherapien geheilt werden, wodurch alles Karma aufgelöst wird und sich vollkommene Gesundheit und Heilung einstellen. Dies geschieht sowohl bewusst als auch unbewusst während des Schlafes. Deutschland wird eine weltweit führende Rolle in der zellulären Lichttechnologie einnehmen und diese aus freien Stücken mit der Welt teilen. Diese Technologie wird die Menschen überall auf der Welt transformieren. Aufgrund dieser Arbeit wird dem Land göttliche Gnade gewährt werden. Die Konzentration auf Heilung wird dem kollektiven Herzen Deutschlands endlich Frieden bringen, sodass das Land und alle seine Bewohner sehr schnell in die fünfte Dimension aufsteigen werden. Dadurch wird die 20-jährige Übergangsphase hier sehr viel problemloser verlaufen als in vielen anderen Ländern. In den Bäumen des Schwarzwalds ist große kosmische Weisheit gespeichert. Diese Weisheit wird die höheren Energien während der kommenden Veränderungen in Deutschland verankern und aufrechterhalten. Viele fünfdimensionale Gemeinschaften werden sich hier bilden und nach 2032 werden viele neue goldene Städte entstehen.

Estland

Estland hat immer noch mit grauer Energie zu kämpfen, während es sich bemüht, wieder frei und unabhängig zu werden. Das Land wird durch die Öffnung des kosmischen Portals am Nordpol sowie durch die sanftere Energie des Portals im englischen York und der strahlenden Energie des Portals im russischen Omsk beeinflusst werden. Diese drei Portale üben gemeinsam ihren Einfluss auf die Menschen in Estland aus, sodass diese Selbstvertrauen und Wohlbefinden zurückgewinnen werden.

Finnland

In Finnland ist ein sehr reines hochfrequentes Licht verankert und gespeichert. Schnee und Eis haben im Lauf der Jahre das Land gereinigt, sodass nur noch sehr wenig altes Karma aufgelöst werden muss.

Viele hoch entwickelte Seelen haben sich hier inkarniert, um das Land auf einen höheren Weg zu bringen. Das 33. kosmische Portal am Nordpol, in dem die stärkste Energie aller Portale gespeichert ist, wird ebenso wie das Licht des göttlichen Quells, das direkt durch das Sternentor-Chakra einströmt, einen sehr starken Einfluss auf Finnland haben. Wenn sich das Sternentor-Chakra öffnet, wird ganz Finnland zu einer fünfdimensionalen Gemeinschaft werden, sodass das Land keine goldenen Städte braucht. Finnland ist ein ganz besonderer Ort zum Leben.

Frankreich

Da ein Großteil Frankreichs ländlicher Natur ist, sind Gier und Korruption, die vor allem in Großstädten zu finden sind, begrenzt. Für jene Menschen, die ein einfacheres Leben führen, werden die Jahre des Übergangs leichter sein als für die Menschen in den Städten, besonders wenn sie Selbstversorger sind. Viele Menschen werden in die französischen Alpen strömen, weil dort die Menschen zuerst erwachen und sogar den Gesang der Engel hören werden.

Für Frankreich wird eine gewaltige spirituelle Öffnung erwartet. Unter der Meeresoberfläche vor der Küste von Marseille wird sich kurz nach 2012 ein neues kosmisches Portal öffnen. Dieses Portal wird das Bewusstsein der Massen massiv verändern, sodass diese für neue spirituelle Einsichten empfänglicher werden. Die Menschen in den ländlichen Gegenden werden den Städtern, die durch die notwendige Läuterung vertrieben werden, ihre Herzen öffnen.

In Marseille befindet sich auch das Refugium von Maria Magdalena, das ihre sanfte, leichte, aber dennoch starke Energie bewahrt. Diese Energie ist strahlend gelb und verstärkt gute Gefühle, sodass Beziehungen stärker und bedeutungsvoller sein werden. Wenn dieses Licht einen Menschen berührt, wird er in der Lage sein, seine Abwehrmechanismen aufzugeben und sein wahres Selbst zu leben. Das wird es vielen Menschen ermöglichen, tiefe nährende Partnerschaften einzugehen, selbst wenn sie das vorher noch nicht konnten. Das Licht wird die Menschen zudem ermutigen, die Wahrheit zu sprechen.

Außerdem hat die gewaltige, wunderbare universelle Engelin, die wir als Mutter Maria kennen, ihr Refugium in Lourdes. Ihr Einfluss ist in Frankreich bereits spürbar, wird aber noch stärker werden, sodass Heilung, Mitgefühl und Liebe von dieser Region ausstrahlen.

Der Einfluss dieser Portale wird den Widerstand gegen Veränderungen schwächen und es den Franzosen ermöglichen, das Neue anzunehmen. Das Land wird mit anderen Ländern und sogar mit seinen traditionellen Feinden zusammenarbeiten und doch seine Einzigartigkeit bewahren.

Griechenland

Die Griechen sind sehr stolz auf ihre Vergangenheit. Hinter diesem Stolz verbirgt sich aber Enttäuschung darüber, dass sie ihr Potenzial nicht ausschöpfen, sodass sie dazu neigen, sehr defensiv zu sein. Das Karma aus ihren früheren Eroberungen wird bis 2012 beglichen sein, während ihr glorreiches kulturelles und spirituelles Erbe für viele Menschen auch weiterhin eine Quelle der Inspiration bleiben wird.

Die Inseln sind rein, aber auf dem Festland wird es ein gewisses Maß an Läuterung durch Feuer und Erdbeben geben. Das wird sich allerdings im Rahmen halten und gerade einmal so stark sein, dass die Menschen Demut lernen und ihre Herzen öffnen.

Der wichtigste Faktor, der die Zukunft Griechenlands bestimmt, wird das Erwachen der schlafenden Kundalini in der kosmischen Pyramide sein, die hier nach dem Untergang von Atlantis errichtet wurde. Diese Pyramide wurde ursprünglich vom Hohepriester Poseidon mithilfe der Göttin Athene erbaut und in ihr wird großes altes Wissen bewahrt. Der gesamte Bau wurde vor vielen Jahrhunderten durch ein Erdbeben vollkommen zerstört. Dennoch ist die Energie dort ebenso verblieben wie die Verbindung zum Sternhaufen der Plejaden. An der Stelle der Pyramide wurde später das Parthenon errichtet.

Der Stamm, der vom Hohepriester Poseidon nach dem Untergang von Atlantis hierhergeführt wurde, besaß großes medizinisches Heilwissen, von dem ein Großteil durch die Verbindung zu den Plejaden erlangt wurde. Wenn die Energie des Jahres 2012 die verloren gegangene Energie in dieser Region erweckt, werden sich die Griechen ihres antiken Erbes erinnern. Schließlich wird Griechenland zu jenen Ländern gehören, welche weltweit führend in natürlichen Heilmethoden sind.

Die Griechen werden die Menschen überall auf der Welt lehren, wie man die mentalen, emotionalen, spirituellen und physischen Körper von Menschen und Tieren durch göttliche Resonanz vollkommen macht. Dies wird mittels Kräutern, Musik, Kristallen und durch andere Methoden geschehen.

Das Land wird auch durch die Öffnung der kosmischen Portale in Mesopotamien und unter der Sphinx beeinflusst werden. Zudem wird sich die Öffnung des 33. Portals am Nordpol, das mehr Christus-Licht ausstrahlt als alle anderen Portale, auf Griechenland auswirken.

Endlich werden die Gnade und das Wunder wiederhergestellt, die durch Poseidons Stamm nach dem Untergang von Atlantis hierhergebracht wurden und nach 2032 wird hier eine große goldene Stadt entstehen.

Großbritannien

Großbritannien ist noch nicht bereit für 2012.

Das Erdstern-Chakra befindet sich zwar in London, aber die Stadt ist spirituell gesehen noch nicht auf ihr Erwachen und die Öffnung im Jahr 2012 vorbereitet. Die Aufregung, die Freude, der Jubel und die liebevolle Zuwendung von zwei Milliarden Menschen, die sich während der Hochzeit von Prinz William und Kate auf London richteten, hatten zwar erhebliche Folgen, aber diesen wirkten unglücklicherweise zwei Dinge entgegen: Zum einen waren da die Menschen, die der Hochzeitsfeier ablehnend gegenüberstanden, und zum anderen der Schauder, der Millionen Menschen durchlief, als während des Gottesdienstes die Furcht vor Gott erwähnt wurde.

Die spirituelle Hierarchie hofft nun, dass ein gewaltiger Ausbruch des Lichts, der durch die freudige Erregung anlässlich der Olympischen Spiele 2012 erzeugt werden wird, London bereit macht, damit die Stadt die Energie des neuen Zeitalters verankern kann. Ich habe ominöse Andeutungen gehört, dass die Olympiade unter keinem guten Stern stehen wird, aber meine Führer sagen mir, dass alles glattgehen wird, wenn wir es nur zulassen. Es liegt also an uns, was geschieht.

✹ Wie Sie London, dem Erdstern-Chakra des Planeten, helfen können:

1. Zünden Sie Kerzen an und senden Sie den Olympischen Spielen Licht und Liebe. Stellen Sie sich vor, wie diese reine Energie in das Erdstern-Chakra des Planeten strömt.

2. Viele Menschen in London und anderen Großstädten sind nicht geerdet. Sie schweben sozusagen über dem Leben, statt es vollständig zu akzeptieren. Schreiben Sie das Wort *London* auf einen Orb von Erzengel Sandalphon, damit seine Energie die Stadt erden kann.

3. Schlagen Sie eine niederfrequente Kristallschale an oder spielen Sie ein anderes Musikinstrument und konzentrieren Sie sich dabei auf London. Das wird der Stadt helfen, sich zu erden.

4. Verbinden Sie sich mit den Einhörnern, mit Dom, dem Elementarmeister der Luft, und mit den Sylphen, den anderen Elementarwesen der Luft, und bitten Sie sie, die niedere Energie Londons wegzublasen und der Stadt Weisheit zu bringen.

5. Zünden Sie eine Kerze für London an, um die Angst umzuwandeln, die durch die Worte des Erzbischofs von Canterbury ausgelöst wurde, als dieser während der königlichen Hochzeit von Gottesfurcht sprach. Konzentrieren Sie sich auf die bedingungslose Liebe Gottes.

Wenn das Erdstern-Chakra offen ist, wird es den anderen fünfdimensionalen Chakras weltweit und besonders dem Sternentor ermöglicht, ebenfalls zu erwachen. London, der Erdstern, wird dann die Weisheit und das spirituelle Wissen von den Gestirnen, mit denen es verbunden ist – Sirius und Sonne – empfangen können.

Sirius ist der Stern des höheren Geistes. Dazu gehören auch neue Technologien, besonders die spirituellen Technologien für das neue Goldene Zeitalter und die heilige Geometrie. Kinder, die vom Sirius stammen und sich gegenwärtig auf der Erde inkarnieren oder die ihr Energieniveau auf dem Sirius dem irdischen angepasst haben, sind bereits mit den spirituellen Technologien programmiert. Aufgrund der Verbindung des Erdsterns mit Sirius inkarnieren sich viele dieser Seelen in London.

Die Sonne ist die göttlich-männliche Energiequelle unseres Universums. Sie strahlt Eigenschaften wie Gerechtigkeit, Stärke, Majestät, Mut und inspirierte Führung aus. Daher wird London nach 2012 Seelen anziehen, die diese Eigenschaften entweder bereits besitzen oder sie entwickeln möchten.

Erzengel Sandalphon ist für das Erdstern-Chakra verantwortlich. Er bringt uns Gleichgewicht und eine tiefe Verbindung zur Erde. Zudem ist er der Erzengel der Musik, weil er mit Klängen arbeitet. Die Engel erzeugen Schallwellen durch Klänge und heilige Geometrie und wirken auf diese Weise auf die Welt ein. Wenn sich dieses fünfdimensionale planetarische Chakra vollständig geöffnet hat, wird es zu einem Zentrum der Musik werden, von dem klare heilende Musik ausgeht, welche die reine Schwingung der Engel in sich trägt.

Wenn sich das Erdstern-Chakra 2012 aber nicht vollständig öffnet, muss London gereinigt werden, was bedeutet, dass es in den darauf folgenden Jahren zu Überschwemmungen kommen wird. Über dem Horoskop Großbritanniens ist für den 21.12.2012 ein seltenes Yod-Symbol zu sehen. Das weist sowohl auf Ausdehnung als auch auf Transformation hin.

Das Herz-Chakra unseres Planeten befindet sich in Glastonbury und untersteht der Obhut von Erzengel Chamuel, dem Engel der Liebe. Wenn sich dieses Chakra vollständig öffnet, wird von hier aus ein herzliches Willkommen in die Welt und das Universum hinausgehen. Ganz in der Nähe liegt Avebury, das einmal einer der Hauptlandeplätze für Raumschiffe aus allen Teilen des Universums war. Seine Kraft wurde durch eine Straße halbiert, aber auch dieser Ort wird wieder erwachen und ganz werden. Bereits jetzt bereiten sich die umliegenden Flächen darauf vor, ihre alte Rolle wieder zu übernehmen.

Das Herz-Chakra in Glastonbury steht mit Andromeda und dem Mars in Verbindung. Es ist noch nicht bereit, seine Rolle im Jahr 2012 zu übernehmen. Andromeda bewahrt die Energie des höheren Herzens, während der aufgestiegene Aspekt des Mars die Weisheit des friedvollen Kriegers ausdrückt.

Das Herzzentrum reinigt ständig Energie, weil so viele bedürftige Leute dorthin pilgern. Bitte senden Sie Ihre Liebe dort hin, denn wenn das planetarische Herz-Chakra nicht geläutert wird, wird es durch Wasser gereinigt werden. Gemeinsam können wir das verhindern und etwas bewirken.

Ein gewaltiges kosmisches Portal, welches das Christus-Licht speichert, wird sich 2012 in York öffnen. Es umfasst die gesamten Yorkshire Dales. Von dort strömen Kreativität, Warmherzigkeit und Feinfühligkeit in die Welt, sodass es allen Industriestädten und den Bergbaugebieten Licht bringen wird. Dieses Portal wird Hoffnung und Erleuchtung, eine höhere Art des Denkens und spirituelles Verständnis ausstrahlen. Menschen, die in der Nähe leben, werden dadurch auf ziemlich dramatische Weise beeinflusst werden, obwohl die Energie so sanft ist, dass man sie gut aufnehmen kann.

Großbritannien hat beträchtliches negatives Karma angesammelt, weil es in den Tagen des Britischen Weltreichs anderen Ländern seinen Willen aufgezwungen hat. Das geschah, weil die damaligen Entscheidungsträger vorwiegend mit der linken Gehirnhälfte dachten, sehr maskulin orientiert waren und ihre Handlungen von Logik und Disziplin bestimmen ließen statt von Mitgefühl und Herzensgüte. Die Seelenentscheidung des Landes, sein Karma durch das Zulassen massenhafter Einwanderung auszugleichen, hat zu großer Verwirrung, einem allgemeinen Gefühl der Überforderung und politischen Fehleinschätzungen geführt.

Es soll hier aber auch angemerkt werden, dass Großbritannien in der Zeit des Britischen Weltreichs viel über Führung, Gerechtigkeit und die Macht von Zeremonien gelernt hat.

Die heutige Situation wird ins Gleichgewicht kommen und gelöst werden, wenn sich das Herz-Chakra in Glastonbury öffnet. Das Land hat in den letzten Jahrzehnten seine Bestimmung verloren. Großbritannien ist hinter seinen Möglichkeiten zurückgeblieben, weil es seine Energie in Finanzmärkte und Kriege investiert hat statt in Landwirtschaft und Bildung. Dies ist ein Grund, warum sich der Übergang schwieriger gestalten wird, als er eigentlich müsste.

Viele tief gelegene Regionen werden während des Reinigungsprozesses überschwemmt, aber dadurch werden sich auch die Herzen der Menschen voller Mitgefühl für die Betroffenen öffnen. Es wird zu einer regelrechten Völkerwanderung in höher gelegene Gebiete kommen.

Die Berge selbst sind rein, aber die in Schottland sind am reinsten, da sie durch das Licht des Sternentores begünstigt werden. Großbritannien gleicht einem Juwel, das beschädigt wurde und nun unter einer dicken Schmutzschicht begraben liegt. Sobald es gereinigt und geheilt ist, wird es hell erstrahlen. Im Jahre 2032 wird Großbritannien wieder in seiner vollen Macht dastehen und goldene Stärke, Mitgefühl und Weisheit ausstrahlen. Dann wird es im wahrsten Sinne des Wortes ein goldenes Herz haben.

Holland

In den letzten Jahren haben sich hier hoch entwickelte, liberale und tolerante Seelen inkarniert, sodass es innerhalb der Bevölkerung viele erleuchtete Menschen gibt.

Holland hat schon immer tiefe Kenntnisse des Wassers und der Meere besessen. Aufbauend auf diesem Wissen wurde die Niederländische Ostindien-Kompanie gegründet. Paradoxerweise hat die Entwicklung einer Handels- und Kriegsflotte und die damit verbundene Politik dem Land einiges Karma beschert, während das Wasser das Land im Lauf der Jahrhunderte immer wieder gereinigt hat.

In neuerer Zeit hat die holländische Sozialpolitik mit ihrer Integration von Ausländern dieses Karma zum Teil ausgeglichen. Da das Land aber sehr tief liegt, wird ein Großteil bis 2032 unter der Meeresoberfläche verschwinden. Viele seiner Bürger werden in die höher gelegenen Länder Europas fliehen und ihr Wissen und ihre Weisheit mitbringen.

Diese Menschen werden innovative Möglichkeiten finden, Häuser auf dem Wasser zu bauen, sie werden bei der Entwicklung und Konstruktion derartiger Bauten führend sein. Ihre Entwürfe werden überall auf der Welt kopiert werden.

Irland

In Irland herrschen als Folge der religiösen Spaltung in der Vergangenheit und der terroristischen Aktivitäten der letzten Jahre immer noch große Wut und Angst vor. Irland ist ein Land mit vielen Wunden, die geheilt werden müssen.

Im kollektiven Bewusstsein des Landes existiert immer noch ein Gefühl der Hilflosigkeit wegen der großen Hungersnot von 1845 – 1852, als die Menschen massenweise verhungerten. Die Hungersnot wurde ausgelöst, als die Engländer ihre Pestopfer entlang der Leylinien begruben und sie auf diese Weise blockierten. Daraufhin fiel die Kartoffelernte aus. Unbewusst ahnten die Iren dies. Die Engländer verhielten sich anschließend sehr schlecht, sodass die Wut auf die Engländer immer noch in der kollektiven Psyche der Iren verankert ist. Jetzt endlich beginnen die Iren zu vergeben und die ganze Situation aufzulösen, sodass Irland in den nächsten Jahren sein wahres spirituelles Potenzial ausleben und sein Licht scheinen lassen kann.

Die ländlichen Gegenden bewahren noch heute große keltische Magie. Es gibt dort machtvolle Steinkreise und andere heilige Stätten, von denen viele nur teilweise erwacht sind und nur darauf warten, sich 2012 oder kurz darauf zu öffnen. In Irland existieren religiöse Dogmen und spirituelle Reinheit nebeneinander. Das ganze Land ist von Engeln, Einhörnern und Elementarwesen bevölkert. Die magischen, mystischen Eigenschaften des Landes und das große spirituelle Licht der Iren werden das Land durch die Jahre des großen Übergangs bringen.

Irland ist ein Land voller warmherziger, gastfreundlicher Menschen, und es sind diese speziellen Eigenschaften, die dem Land helfen werden, der Welt der Zukunft ein Lichtstrahl der Hoffnung zu sein.

Italien und Vatikanstaat

In Italien existiert große Schönheit. Weil sich so viele Bildhauer und Maler der Renaissance entschlossen, in diesem Land zu arbeiten, erhöhte sich die Schwingungsfrequenz enorm. In ihren Werken fingen diese Künstler sowohl die Energie der Keruben, die Energiefragmente der Cherubim, als auch die der Einhörner und Engel ein. Das hat dazu beigetragen, Italien im Licht zu halten.

Wenn sich das Energieniveau anhebt, wird die gewaltige Korruption ans Tageslicht kommen und die Menschen werden mehr Integrität fordern. Dann werden ehrenvolle Personen hervortreten, um das Land zu führen. Die Macht von Organisationen wie der Mafia wird schwinden, da deren Schwingung zu niedrig ist, um noch Anhänger anzuziehen oder Menschen terrorisieren zu können.

Bleibt die römisch-katholische Kirche so kompromisslos und rigide, wird sie in sich zusammenbrechen und mit ihr der Vatikanstaat. Sollte sie sich aber gegenüber einer höheren Spiritualität öffnen, so wird sie neu erblühen.

Nach und nach werden die wahre Spiritualität und die wahre Herrlichkeit der Botschaft Christi hier zum Vorschein kommen.

Kroatien

Die Kroaten sind sehr misstrauisch. Ihre Handlungen werden von Angst vor Verlust und Unterwerfung bestimmt, aber langsam kommt in der Seele Kroatiens ein Heilungsprozess in Gang. Da das Land nun beginnt, wahrhaft frei zu sein und sein Selbstvertrauen zurückzugewinnen, wächst auch seine innere Schönheit. Die lange Küste hilft dabei, das Land zu reinigen. Im Jahr 2032 wird Kroatien eine fünfdimensionale Region sein und die dort lebenden Menschen werden automatisch Wohlstand und Überfluss anziehen.

Lettland

Dieses Land hat immer noch eine graue Aura, obwohl es dabei ist, seine Fesseln abzuwerfen und wieder ein Gefühl des eigenen Wertes zu entwickeln. Die kosmischen Portale am Nordpol, in York und Omsk werden das Land und seine Bewohner beeinflussen und ihnen helfen, Selbstvertrauen und Mut zurückzugewinnen. Dann wird auch diese Region erstrahlen.

Norwegen

Der norwegische Staat wurde auf Land gegründet, das durch Gletscher geläutert und gereinigt worden war. Zudem ist Norwegen fast vollständig von Wasser umgeben, was dazu beigetragen hat, dass seine Schwingungsfrequenz hoch geblieben ist. Aber die Norweger waren kriegerische Abenteurer und Entdecker, die das Meer liebten und mutig für ihre persönliche und nationale Freiheit kämpften. Der Drang, frei und unabhängig zu sein, ist eine der Seeleneigenschaften, die dieses Land so einzigartig machen.

Norwegen bewahrt und verankert ein sehr reines hochfrequentes Licht. Viele hoch entwickelte Seelen haben sich hier inkarniert und sorgen dafür, dass Norwegen den richtigen Weg einschlägt. Das 33. kosmische Portal am Nordpol, das die stärkste Energie aller Portale enthält, wird ebenso wie das Licht des göttlichen Quells, das direkt dem Sternentor-Chakra entströmt, einen starken Einfluss auf Norwegen haben. Nach 2032 werden hier goldene Städte entstehen.

Österreich

Die kulturelle Schönheit Wiens bringt diesem bezaubernden Land großes Licht. Da die Wirtschaft vernünftig geregelt wurde, gibt es hier kein großes finanzielles Karma. Es gibt allerdings einige Dinge, die Österreich zurückhalten. Das Land hat Angst, von anderen Staaten – besonders von Deutschland – manipuliert zu werden und so seine Identität zu verlieren. Außerdem befinden sich im kollektiven Bewusstsein der Österreicher noch Schuldgefühle wegen der Rolle Österreichs im Zweiten Weltkrieg. Diese Gefühle können nur aufgelöst werden, wenn genügend Menschen spirituell daran arbeiten.

2009 gab ich ein Seminar in Österreich. Damals lautete die Vorhersage, dass Österreich sein kriegsbedingtes Karma nicht bis 2012 auflösen könne und das Land deshalb zurückgehalten würde. Während des Seminars heilten wir dieses Karma und viele der damaligen Teilnehmer haben die spirituelle Arbeit seither weitergeführt. Mir wurde nun mitgeteilt, dass das österreichische Karma bis 2012 vollständig aufgelöst sein wird. Das stellt für mich eine so eindrückliche Erinnerung dar, dass wir tatsächlich etwas bewirken und einen Unterschied machen können. Wir haben die Macht, alles zu verändern und es der Welt zu ermöglichen, sanft durch die Übergangsphase hindurchzugleiten. Jeder Gedanke, den Sie denken, und jede Entscheidung, die Sie treffen, kann etwas bewirken.

In den österreichischen Bergen ist die Energie rein und klar und die Wälder bewahren das Licht. Allerdings gibt es einen Pass in den Bergen, über den früher Menschen von Österreich in die

Schweiz flohen. Die Trauer und das Verlustgefühl dieser Menschen, die ihre Heimat verlassen mussten, stecken noch im Land fest, das deshalb gereinigt werden muss.

Klänge und Töne werden in den Bergen der Welt gespeichert. Das gilt besonders für die österreichischen Alpen, da dieses Land sehr im Einklang mit Klängen lebt. Diese Tatsache wird die Läuterung bewirken.

In großen Teilen Österreichs herrscht ein heimeliges Klima vor, da die Familie immer noch sehr wichtig ist. Aus diesem Grund werden sich hier auch ganz natürlich fünfdimensionale Gemeinschaften bilden. Österreich wird eine relativ leichte Übergangsphase erleben und nach 2032 werden hier goldene Städte entstehen.

Polen

Hitler überfiel Polen als Erstes, weil er wusste, dass er hier auf wenig Widerstand stoßen würde. Das lag daran, dass Polen keine Demokratie war und die Menschen daran gewöhnt waren zu gehorchen. Obwohl die Polen kämpften, um sich zu verteidigen, waren sie für die Nazis einfacher zu besiegen als eine Nation von Individuen, die es gewohnt waren, ihre Interessen in die eigene Hand zu nehmen.

Die Finsternis von Auschwitz hat großen Einfluss auf Polen. Das Konzentrationslager ist immer noch zu besichtigen, um die Erinnerung an den Schrecken wach zu halten, damit er sich niemals wiederholen möge. Aber die Menschen, die Auschwitz besuchen, konzentrieren sich auf die Finsternis und geben ihr damit neue Energie, sodass sie fortbestehen kann. Das hat die Entwicklung Polens gebremst. Mittlerweile konzentrieren aber viele Lichtarbeiter Licht, Liebe und Freude auf Auschwitz, sodass erwartet wird, dass es kurz nach 2012 wieder rein sein wird. Davon wird die ganze Welt profitieren.

Polen hat sich vom Kommunismus und von der Unterdrückung befreit, aber noch immer existiert ein graues Gefühl, das dringend geläutert werden muss. Die Menschen werden durch das im kollektiven Bewusstsein verankerte Armutsbewusstsein und das mangelnde Selbstwertgefühl zurückgehalten. Endlich beginnen die Polen damit, dies zu ändern und mehr Wohlstand und Freude in ihr Leben zu ziehen. Dies war allerdings ein sehr langsamer Prozess. Heute streben viele Polen kollektiv nach Selbstverantwortlichkeit und Meisterschaft.

Großbritannien und andere Länder haben gegenüber Polen negatives Karma angehäuft, weil sie dem Land im Zweiten Weltkrieg nicht eher geholfen haben. Dies wurde zum Teil zumindest wirtschaftlich dadurch ausgeglichen, dass polnische Arbeiter in Großbritannien arbeiten können und Wissen und Selbstvertrauen mit in ihre Heimat zurücknehmen. Aber noch mehr ist nötig.

Polen wird Licht direkt aus dem 33. Portal am Nordpol empfangen. Alle Portale strahlen das Christus-Licht aus, aber die 33 ist die Zahl des Christus-Bewusstseins und trägt die stärkste Energie in sich. Auch das Licht des göttlichen Quells, das durch das Sternentor in der Arktis einströmt, wird einen tief greifenden Effekt auf Polen haben und dem Land helfen, in die fünfte Dimension aufzusteigen.

Portugal

Die Einwohner Portugals sind wie die Menschen in anderen Teilen Europas von der moralischen Verderbtheit ihrer Politiker und Wirtschaftsführer und der damit verbundenen Korruption enttäuscht. Sie fangen an, Fragen zu stellen und aufgrund ihrer wachsenden Bewusstheit werden sie Veränderungen verlangen. Trotz des Widerstands der etablierten Eliten wird in jedem Bereich des Lebens eine Wandlung stattfinden.

Von den kolonialen Eroberungen des 15. und 16. Jahrhunderts profitierte das Land in finanzieller wie kultureller Hinsicht, aber gleichzeitig wurde viel Karma angehäuft, das nun beglichen werden muss. Dieses Karma sollte aber kurz nach 2012 aufgelöst sein.

Das Land wird stark durch die Energie von Fatima beeinflusst werden, von wo aus Erzengel Raphael und seine Zwillingsflamme, die universelle Engelin Mutter Maria, großen Einfluss ausüben. Liebe, Heilung, Wohlstand und Licht werden sich im ganzen Land ausbreiten und Portugal wird bis 2032 transformiert sein.

Rumänien

Uraltes Karma hat dieses Binnenland in seiner Entwicklung gebremst, da es häufig erobert und von Kriegen heimgesucht wurde. Dadurch ist die Aura Rumäniens schwer beschädigt worden, sodass es seinen Weg, sein Selbstwertgefühl und seine Bestimmung aus den Augen verloren hat. Zum Glück hat das hohe Energieniveau in den schneebedeckten Gebirgszügen den Menschen, die sehr stolz auf das Erbe ihrer Vorfahren sind, geholfen, ihre Würde zu bewahren. Das alte Karma wird kurz nach 2012 aufgelöst sein, da es auf verschiedene Weise geläutert werden wird. Gnade in Form einer Intervention der Engel wird helfen, das alte Karma aufzulösen und die Herzen vieler Menschen zu heilen. Zudem wird es aufgrund der Schneeschmelze zu einigen Überschwemmungen kommen und es werden Feuersbrünste und Verschiebungen der Erdoberfläche entstehen.

Das Land liegt zwischen dem kosmischen Portal am Nordpol, dem Sternentor des Planeten in der Arktis und dem Portal unter der Sphinx. Das einströmende Licht wird das uralte Wissen, das in den Bergen gespeichert ist, erwecken. Dann wird sich die Schwingungsfrequenz des Landes dramatisch verändern und Rumänien wird Wohlstand anziehen und sein Selbstvertrauen zurückgewinnen.

Schweden

Da die Schweden sehr geerdet und erdverbunden sind, konnten sie im Interesse des Friedens weise Entscheidungen treffen. Das Karma aus ihrer expansionistischen Phase ist schon seit Langem aufgelöst. Wie die anderen skandinavischen Länder bewahrt und verankert auch Schweden ein sehr reines hochfrequentes Licht. Das Land wurde im Lauf der Jahre immer wieder durch Wind und Wetter gereinigt.

Wie in Finnland und Norwegen haben sich auch in Schweden viele hoch entwickelte Seelen inkarniert. Das 33. kosmische Portal am Nordpol, das mehr vom Christus-Licht der bedingungslosen Liebe bewahrt als jedes andere Portal, übt ebenso wie das Licht des göttlichen Quells, das direkt dem Sternentor-Chakra entströmt, einen machtvollen Einfluss auf Schweden aus. Nach 2032 wird hier eine ganz besondere goldene Stadt entstehen.

Schweiz

Zwei Dinge bremsen die Entwicklung der Schweiz: Das eine ist der große Teilchenbeschleuniger des CERN in Genf nahe der französisch-schweizerischen Grenze. Der Große Hadronen-Speicherring *(Large Hadron Collider)* ist der weltweit größte Teilchenbeschleuniger, dessen Bau bereits zu Rissen in der Erdkruste geführt hat.

Das zweite Problem ist das Karma, das die Schweiz angehäuft hat, weil es ihr Bankensystem jahrzehntelang ermöglicht hat, dass gierige, unehrliche Menschen ihr illegal erworbenes Vermögen hier verstecken und vermehren. Reichtümer, die gestohlen oder durch die Ausbeutung oder Versklavung anderer Menschen angehäuft wurden, stellen eine dunkle Form der Energie dar, die durch die Elemente gereinigt werden muss. Das Alte muss hinweggefegt werden, damit das Neue entstehen kann. Deshalb werden unerwartete Erdbeben und Überschwemmungen diese Negativität auflösen – es sei denn, die Schweizer selbst und die Welt lösen das Problem bald.

Das gilt auch für Liechtenstein und andere Regionen, die dunkle finanzielle Energien schützen.

Allerdings inkarnieren sich viele hoch entwickelte Seelen in der Schweiz. Dies sind integre Menschen, die ein Verständnis der geistigen Gesetze besitzen und die notwendigen Veränderungen vorantreiben werden.

Da die Energie in den Bergen besonders rein ist, werden sich hier fünfdimensionale Gemeinschaften bilden. Die Klänge der Engel werden die Berge mit Licht erfüllen.

Slowenien

Die Slowenen sind von Natur aus warmherzig, gastfreundlich und familienorientiert. Viele haben ein offenes Herz und Fürsorglichkeit ist in der Seele des Landes tief verwurzelt. Aber in ihrem kollektiven Bewusstsein herrscht eine große Angst davor, nicht gut genug zu sein. Dieses mangelnde Selbstwertgefühl hat seinen Ursprung im alten Karma des Landes. Alte Seelen, die Frieden in ihren Herzen tragen, inkarnieren sich heute dort. Sie werden alle anderen Menschen beeinflussen, ihnen neue Hoffnung geben und das Land schließlich zu Wohlstand führen. Dann wird die innere und äußere Schönheit Sloweniens erstrahlen.

Spanien

Spanien ist ein großes Land, dem viele Veränderungen bevorstehen, weil sich hier so viele unterschiedliche Energien begegnen. Wenn die Wetterverhältnisse extremer werden, werden viele Menschen in die Berge ziehen.

Viele Kirchen besitzen noch heute Gold und andere Schätze, die den Azteken und Inkas gestohlen wurden. Wenn diese Energie aufgelöst wird, wird es zu großer Verwirrung und Zweifeln kommen. Auch das durch die spanische Inquisition verursachte Leid, das noch im Land gespeichert ist, muss geläutert werden.

Der als Jakobsweg bekannte Pilgerweg verläuft quer durch Spanien und die ständig auf ihm wandernden Pilgerscharen haben eine machtvolle Leylinie mit großem Licht erschaffen. Dadurch können das Wissen und die Weisheit der Hohlerde angezapft werden.

Wenn sich das kosmische Portal in Andorra öffnet, wird es sein Licht über Spanien erstrahlen lassen. Fünfdimensionale Gemeinschaften werden sich in den Bergen bilden.

Tschechien

Dieses im Herzen Europas gelegene Land wurde seit Jahrhunderten von Kriegen und Unterdrückung heimgesucht. Ein mangelndes Selbstwertgefühl im kollektiven Bewusstsein der Tschechen, fehlendes Selbstvertrauen und Angst, sich zu zeigen, haben dies ermöglicht. Nun endlich beginnt sich das zu ändern.

Die Tschechen arbeiten in vielen fremden Ländern und bringen Selbstvertrauen und Geld mit zurück, wodurch das Land bereichert wurde. Das Selbstwertgefühl der Tschechen als Individuen, aber auch als Nation nimmt nun zu.

Die Öffnung des kosmischen Portals vor der Küste von Marseille wird einen massiven Einfluss auf Tschechien haben und ihm die sanftere, weisere Energie des Göttlich-Weiblichen bringen. Das Land wird auch von der Ausdehnung des Portals von Lourdes profitieren, da Mutter Marias heilendes Licht Tschechien in Licht und Liebe hüllen wird.

Die schneebedeckten Berge haben dazu beigetragen, dass die Energie angesichts der Umstände so hoch wie möglich gehalten wurde. In naher Zukunft wird die Schneeschmelze allerdings zu Überschwemmungen führen, die aber endlich das alte und neue Karma des Landes auflösen werden.

Türkei

Die alten Schuldgefühle aus der Zeit des Osmanischen Reiches sind in der Seele der Türkei noch lebendig. Der letzte Teil dieses Karmas wird kurz nach 2012 aufgelöst werden, und die Menschen, die anfangen, in Harmonie zusammenzuarbeiten, werden ein großes Gefühl der Erleichterung verspüren.

Frauen werden sich auf ihre Macht besinnen und die Türkei wird davon auf spirituellem, politischem und wirtschaftlichem Gebiet profitieren.

Aufgrund der aus dem alten Karma stammenden Schuldgefühle haben die Türken das Gefühl, eines besseren Lebens nicht würdig zu sein. Schuldgefühle ziehen immer Strafen nach sich, daher haben diese Gefühle im Energiefeld der Türkei dazu geführt, dass das Land von der Welt nicht mit dem notwendigen Respekt behandelt wird. Sobald die Schuldgefühle einmal aufgelöst sind, wird sich die Türkei wieder auf ihre Macht und ihre Werte besinnen und so automatisch Wohlstand anziehen.

Dann werden auch das Licht und das uralte Wissen, die in den Bergen bewahrt werden, freigesetzt werden.

Wenn sich das Portal in Mesopotamien öffnet, wird dies große Auswirkungen auf die Türkei haben und die Seele des Landes wird sich an ihre wahre Größe erinnern. Das Land wird als ein wunderschönes kultiviertes Land wieder auferstehen.

Ungarn

Das vor der uns bekannten Geschichte angehäufte Karma hat immer wieder zu Angriffen auf dieses flache Binnenland geführt. Obwohl Ungarn von Kriegen und Niederlagen gepeinigt und von fremden Unterdrückern beherrscht wurde, ist es dem Land doch gelungen, zu überleben und seine bezaubernden Dörfer mit ihren Familientraditionen aufrechtzuerhalten. Die graue Aura wird kurz nach 2012 geheilt sein und die Menschen werden sich wieder sicher fühlen.

Das Auslaufen des toxischen Industrieschlamms im Jahr 2010, durch den Flüsse wie die Donau verschmutzt wurden, war ein gewaltiger Weckruf und Schock. Es besteht die Hoffnung, dass dies die Ungarn dazu bringen wird, die Natur höher wertzuschätzen und ihre Wasserwege reinzuhalten.

Ungarn wird Energie aus dem Portal vor Marseille beziehen und diese Energie wird endlich das Ende des Alten herbeiführen.

Im Jahre 2032 werden sich hier auf vollkommen natürliche Weise fünfdimensionale Gemeinschaften bilden und Frieden und Zufriedenheit werden hier herrschen.

Zypern

Zypern hat eine sanftere Energie als sein Nachbar Griechenland und weniger Karma zu tragen.

Allerdings steckt die Energie in der Pufferzone zwischen türkischen und griechischen Zyprioten fest. Diese Zone ist zwar seit mehr als 30 Jahren unbewohnt, muss aber von den Geistern jener gereinigt werden, die hier starben oder die sich hierhergezogen fühlten, um darauf zu warten, von hier aus ins Licht zu gehen. Andererseits ist es herrlich zu sehen, wie die Natur dieses Gebiet zurückerobert und einen sicheren Zufluchtsort für allerlei Tiere und Pflanzen geschaffen hat. Dadurch ist viel Licht in dieses Gebiet gebracht worden.

Die Reinigung Zyperns hat bereits begonnen. Der Erdrutsch im Jahr 2009 war als Warnung und Weckruf gedacht.

Die Hohepriesterin Aphrodite ist eng mit dieser Insel verbunden und ihre Liebesenergie wird Frieden und Mitmenschlichkeit verbreiten, sodass dieses Land in die fünfte Dimension hinübergleiten kann.

6 NAHER UND MITTLERER OSTEN – ein Überblick

In längst vergangenen Zeiten wurde diese ganze wasserarme Region von Nomadenstämmen besiedelt, die nur ein geringes spirituelles Verständnis besaßen. Dann brachte der Hohepriester Apollon seinen Stamm nach dem Untergang von Atlantis nach Mesopotamien, wo sich die Atlanter mit der Zeit mit den Einheimischen vermischten. Die Atlanter brachten einen gewaltigen Wissensschatz mit, darunter auch Erkenntnisse, welche die Grundlage der heutigen westlichen Astrologie bilden. Es war ihre Weisheit, die den großen Zivilisationen zugrunde lag, die sich in dieser Region entwickeln sollten.

Der Stamm des Apollon verfügte über hoch entwickelte Kenntnisse in der Bewässerungstechnik. So konnte das ausgetrocknete Land bewässert und bewohnbar gemacht werden. Dies ermöglichte den Bau der Hängenden Gärten der Semiramis in Babylon, einem der sieben antiken Weltwunder.

Zur selben Zeit brachte El Morya, gegenwärtig Meister des ersten Strahls der Macht, des Willens und der Zielsetzung, sein Wissen und seine Weisheit von Atlantis an den Euphrat. Er beaufsichtigte die Entwicklung der Schrift, sodass zum ersten Mal Aufzeichnungen auf Tontafeln vorgenommen werden konnten. Er trug auch zur Entwicklung des muslimischen Glaubens und der islamischen Kunst bei. Aber alles verläuft in Zyklen, und so wurde Mesopotamien unter anderem von den Persern, den Griechen, den Mongolen, dem Osmanischen Reich und den Briten erobert, bis die arabischen Muslime hier schließlich Fuß fassten.

Im Laufe der Jahrhunderte kam es in dieser Region immer wieder zu großem Blutvergießen, aber auch zu wahren Eruptionen künstlerischer Schaffenskraft. Die Angst und die Dunkelheit der Kriege und Verfolgungen stecken noch tief im Land und werden durch die Natur gereinigt werden, wenn nicht genügend Menschen Licht in diese Region senden. Die Staaten des Mittleren Ostens erschaffen ihre eigenen Probleme, weil die dort lebenden Menschen so zornig und verbittert sind. Sie haben das Gefühl, betrogen worden zu sein und nicht geschätzt zu werden, was eine selbstzerstörerische Einstellung zur Folge hat. Die Menschen müssen erkennen, dass dies die Folge alten Karmas ist und dass sie ihre Sichtweise ändern und sich auf das Glücklichsein konzentrieren müssen. Ansonsten werden ihnen Feuersbrünste, Erdbeben und extreme Hitzewellen ihre eigene Energie widerspiegeln.

Aber das Licht beginnt im Mittleren und Nahen Osten ebenso wie im Rest der Welt zu erstrahlen. Als Folge davon sind all jene, die bisher unterdrückt wurden, nun nicht mehr bereit, ihre Unterdrückung still zu akzeptieren. Aufstände mögen von den Herrschenden auch noch so brutal niedergeschlagen werden, aber das Licht wird unweigerlich siegen.

Dort, wo die Führer von ihren eigenen Illusionen geblendet sind und ihre Anhänger ihnen im blinden Glauben nachlaufen, müssen wir die Feuerdrachen anrufen und sie bitten, die Illusion zu verbrennen, sodass es den Menschen möglich wird, die Wahrheit und die Realität zu erkennen. Dann sollten wir die Engel anrufen, damit sie die Schwingungsfrequenz anheben.

Das Land selbst bewahrt großes altes Wissen, und wenn sich das kosmische Portal ungefähr im Jahr 2012 öffnet, wird dieses Wissen zum Vorschein kommen und sein Einfluss wird sich überall in der arabischen Welt verbreiten. Dadurch wird es in diesen Ländern zu einem spirituellen Erwachen kommen, durch das die spirituellen Dogmen durch eine höhere Erkenntnis ersetzt werden. Dann werden auch die Frauen respektiert und geschätzt werden.

7   Vorhersagen für einzelne Länder des Nahen und Mittleren Ostens

Bahrain, Kuwait, Oman, Vereinigte Arabische Emirate, Libyen, Katar

Diese Staaten verfügen über einen großen Ölreichtum. Dort, wo Diktaturen herrschen, werden die Menschen Freiheit verlangen, was zu großen Aufständen und Kämpfen führen wird. Aber wie überall auf dem Planeten, so wird auch hier das Licht der Freiheit schließlich siegen.

Trotz der ihnen im Westen zugeschriebenen Gerissenheit haben viele Araber ein fast kindliches, unschuldiges Gemüt. Für sie brachte es gewaltige Veränderungen mit sich, als riesige Ölvorräte auf ihrem Land gefunden wurden.

Diese Länder lernen etwas, was auch Personen lernen müssen, die in der Lotterie gewinnen: Großer Reichtum erfordert Selbstverantwortung und kollektive Verantwortung. Plötzlicher Reichtum bringt Fragen wie die folgenden mit sich: »Wem kann ich vertrauen?« – »Wer sind meine Freunde und wer will mich nur ausnutzen?« – »Was tue ich mit all dem vielen Geld?« – »Setzen wir es weise für Gesundheitswesen, Wohnungsbau, Fürsorge, Bildung, Armutsbekämpfung und soziale Gleichheit ein oder verschwenden wir es an materielle Besitztümer und gieren nach der Macht, die Geld mit sich bringt?« – »Was wird aus der Familie?«

Diese Staaten müssen sich auch entscheiden, ob sie das ganze Öl fördern, den Planeten schädigen und künftigen Generationen nichts übrig lassen wollen oder ob sie verantwortungsvoll mit ihren Ressourcen umgehen, den Planeten achten und ihn schonend behandeln wollen.

Tatsächlich haben all diese Länder neues Karma geschaffen. Durch ihre wechselseitigen Beziehungen erschufen auch viele andere Länder aufgrund der von ihnen ausgeführten Manipulation der ölreichen Staaten Karma. In den Regionen, in denen Öl gefördert wird, ist Heilung dringend vonnöten. Deshalb werden Heiler gebeten, ihr Licht der Mutter Erde an diesen Orten zu senden.

Wie in Saudi-Arabien zu sehen ist, wird sich der Planet gegen die Ausbeutung seiner Ressourcen zur Wehr setzen. Wenn die Ölvorräte erschöpft sind und Geld wertlos geworden ist, werden sich diese Staaten gewaltigen Herausforderungen gegenübersehen. Wenn die kosmischen Portale in Mesopotamien und unter der Sphinx erwachen, wird ein höheres Wissen in dieser Region aktiviert werden. Das spirituelle Kehl-Chakra der Erde, das sich im ägyptischen Luxor befindet, wird die Schwingungsfrequenz dieser Region erhöhen und die dort lebenden Menschen werden diese Weisheit mit der gesamten Menschheit teilen. Sie werden telepathischen Kontakt zu Tieren aufnehmen und das Wasser wieder für seine kosmischen Eigenschaften ehren und respektieren.

Diese Entwicklung wird nur langsam vonstattengehen, aber bereits jetzt beginnen sich weise alte Seelen in diesen Ländern zu inkarnieren. Sie werden die Menschen daran erinnern, wer sie sind, und ihnen helfen, auf einem höheren Weg voranzuschreiten.

Bahrain

Anfang 2011 erfuhr ich von meiner inneren Führung, dass die in Bahrain herrschende Monarchie zwar glaubt, das Richtige zu tun, dass sie aber den Kontakt zu den Menschen verloren hat. Das neue Licht wird dafür sorgen, dass sie sich verändert. Dieser Prozess hat bereits begonnen. Viele Menschen, die von der Massenhysterie beeinflusst werden, wollen gar nicht alles umstürzen. Daher braucht das Land besonnene Menschen, die eine Vision von Freiheit und Gerechtigkeit mit oder ohne Monarchie haben. Dies wird hoffentlich bis 2012 erreicht sein.

Dubai

Das ganze Land hat sich dem Exzess, der Gier und dem Materialismus verschrieben. Die Wirtschaft befindet sich nicht im Einklang mit der Schwingungsfrequenz des Planeten und ist bereits im Begriff zu kollabieren. Es ist für die hier lebenden Menschen schwierig, ihre Schwingung anzuheben, da sie jeden Kontakt mit der Erde verloren haben. Die kommenden Veränderungen bieten den Menschen aber die Gelegenheit zu kommunizieren, zusammenzuarbeiten und Eigenschaften wie Geduld, Menschlichkeit und Selbstverantwortlichkeit zu entwickeln.

Allerdings wird eine schwierige Übergangsphase mit großen Reinigungsprozessen vorhergesagt – es sei denn, es setzt eine grundlegende Änderung der Einstellung und des Verhaltens ein.

Irak

Die westlichen Koalitionstruppen werden bis 2012 abziehen, aber der Irak ist eine sehr unruhige Region, in dem es auch weiterhin zu Turbulenzen kommen wird. Wenn nicht gewaltige Mengen an Licht hierhergeschickt werden, dann werden Feuersbrünste, Überschwemmungen und Erdbeben das Land reinigen. Das dadurch verursachte Chaos wird die Bewohner zum Wohle des ganzen Landes zur Zusammenarbeit zwingen. Frauen werden dabei eine aktive Rolle spielen, sodass sie ihren Selbstrespekt wiedererlangen, sich wieder auf ihre Macht besinnen und dadurch das Göttlich-Weibliche in dieses Land bringen werden.

Iran

Die Bewohner dieses riesigen Landes haben mehrmals versucht, sich zu befreien, aber das alte Karma hat dies bisher immer verhindert, sodass sie auch weiterhin unterdrückt werden. Dieses Karma wird bis 2012 nicht vollständig aufgelöst sein und der Einfluss der Energie von Atlantis wird von vielen Iranern gefühlt werden, besonders wenn das Licht stärker wird. Die Dinge im Iran werden also 2012 nicht gerade zum Besten stehen, es sei denn, die Haltung der Menschen ändert sich. Gegenwärtig herrscht große Verwirrung und die Menschen fühlen sich verloren.

Wir sind aufgefordert, die Friedensengel, die Erzengel Uriel und Butyalil sowie den kosmischen Engel anzurufen, um den Bewohnern des Landes zu helfen, zu sich selbst zu finden. Nach 2012, wenn sich das Portal in Mesopotamien (Irak) geöffnet hat, wird sein Licht einen starken Einfluss auf den Iran ausüben. Die Menschen werden spüren, dass ihre Seelen frei sind, und schließlich werden auch hier Frieden und Freude einkehren.

Während ich dies im Jahr 2011 schreibe, wird ein gewaltiges Erdbeben für den Iran, der auf einer Bruchzone liegt, vorhergesagt. Gegenwärtig wird die Leylinie als Folge der Angst und Wut der Bevölkerung erschüttert, und dies wird dem Erdbeben noch mehr Energie geben. Eine Naturkatastrophe kann allerdings abgewendet werden, wenn genügend Menschen diesem Land Frieden und Licht senden. Richten Sie Ihr Licht und Ihre Gebete bitte an die universelle Engelin Gersisa, in deren Obhut sich die Leylinien befinden, um die Energie zu beruhigen und zu besänftigen. Gemeinsam können wir die vorhergesagte Katastrophe noch verhindern.

Israel

Hier ist eine große Reinigung vonnöten. Diese wird vor allem durch Erdbeben stattfinden, obwohl auch andere Kräfte wirksam werden. Als Folge davon wird weniger Land verfügbar sein.

Aber mehrere Dinge werden die Situation bis zur Unkenntlichkeit verändern. Die Angst und das Gefühl der Verletzlichkeit, die der Aggression der Israelis zugrunde liegen, werden sich auflösen, wenn die Israelis spiritueller und weniger religiös werden. Die alten Dogmatiker werden durch Menschen mit friedlichen Herzen ersetzt, die nach Lösungen suchen, nicht nach Konflikt.

Weil die Vereinigten Staaten selbst genug eigene Probleme haben, werden sie das israelische Draufgängertum nicht mehr fördern können, sodass eine neue Demut die Haltung der Menschen in Israel bestimmen wird.

Da auch die anderen Länder des Nahen und Mittleren Ostens ihre eigenen Läuterungskrisen durchmachen müssen, werden die ehemals verfeindeten Länder zu Nachbarn, die den Israelis helfen und sie mit Mitgefühl statt mit Angst betrachten werden. In Israel wird 2032 Frieden herrschen.

Libyen

Das Licht erstrahlt hier wie überall heller, da die Menschen Unterdrückung und mangelnde Freiheit nicht länger hinnehmen. Je stärker das Licht wird, desto mehr wird sich diese Einstellung verbreiten. Es ist dann unvermeidlich, dass Diktatoren stürzen. Aber auch die Frauen müssen ihre Macht zurückfordern, damit diese Veränderungen eintreten können.

Obwohl die Engel über die Gräueltaten, die hier und in vielen anderen Ländern begangen werden, traurig sind, wissen sie doch, dass der Wandel von innen kommen muss. Effektiver als Angriffe aus der Luft sind Gebete für den Weltfrieden, in denen Erzengel Uriel angerufen wird, damit er Angst in Mut, Liebe und Weisheit verwandelt. Auch wird er die Friedensengel schicken, damit sie über den Menschen singen. Gegengewalt verankert nur die Finsternis. Es ist von großer Wichtigkeit, jetzt einen Weg zu finden, das Licht schnell zu aktivieren.

Das Ergebnis des gegenwärtigen Krieges ist noch nicht festgelegt. Je mehr Licht und je mehr Gebete wir diesem Land schicken, desto besser. Jeder einzelne Mensch kann auf das Ergebnis Einfluss nehmen.

Saudi-Arabien

Das alte Karma, das im Land gespeichert ist, wird ebenso Probleme verursachen wie das Karma aus neuerer Zeit, das entstanden ist, weil so viel Öl gefördert wurde. Öl wird für die Schmierung des Planeten benötigt und die Erde wird sich gegen die Ausbeutung ihrer Ressourcen zur Wehr setzen.

Wenn das Land kein Öl mehr fördern kann und Geld nicht mehr als Währung gilt, wird es zu ernsten Problemen mit dem Selbstwertgefühl und dem Selbstvertrauen der Menschen kommen, da sie entdecken werden, dass ihr neuer Reichtum wertlos ist.

Die Kamele sind Bewahrer großer Weisheit. Sie werden anfangen, auf telepathischem Wege mit den Menschen zu kommunizieren. Das wird es den Saudis ermöglichen, ihren Seelenweg zu finden und ein Land aufzubauen, das auf Respekt zwischen Männern und Frauen und einem Verständnis der geistigen Gesetze aufgebaut ist.

8 ASIEN – ein Überblick

Asien liegt im Verantwortungsbereich des Engels der Weisheit, des Erzengels Jophiel. Asien ist eine warmherzige Region, in der trotz aller Schwierigkeiten immer noch Freude und Liebe vorherrschen. Innerhalb der hier lebenden Gemeinschaften bestehen enge Bindungen. Die Asiaten werden durch eine uralte rot-orangefarbene Energie positiv beeinflusst, die tief in der Erde dieses Kontinents und der angrenzenden Regionen gespeichert ist. Diese Energie wurde vor Tausenden von Jahren von Wesen, die sich in Asien inkarnierten, von der Venus mitgebracht. Es ist bestimmt, dass diese Energie nach 2012 vollständig freigesetzt werden soll.

Diese Energie wird dafür sorgen, dass alle Menschen geerdet bleiben und ihr Gleichgewicht behalten, wenn die höheren Kräfte und das neue Licht auf die Erde kommen. Sie wird auch dafür sorgen, dass sich die Menschen daran erinnern, was wirklich wichtig ist, damit sie ihre Prioritäten richtig setzen können. Zudem verbreitet sie Glück, Vitalität und ein Gefühl von Freiheit. Diese uralte rot-orangefarbene Energie wird vom Portal der Hohlerde kontrolliert.

9 Vorhersagen für einzelne asiatische Länder

Afghanistan

Das planetarische Dritte-Auge-Chakra, das allsehende Auge der Erleuchtung, befindet sich in Afghanistan. Es steht unter der Obhut von Erzengel Raphael, dem Engel der Heilung, des Wohlstands und der Erleuchtung. Dieses Chakra steht mit der Weisheit des Orion und Andromedas in Verbindung. Der Andromeda-Galaxie entströmen Energien der höheren Heilung, die kurz nach 2032 durch dieses Land fließen werden. Orion ist das Sternbild der Weisheit.

Die westlichen Truppen werden Afghanistan bis 2012 verlassen, aber dennoch wird das Land weiterhin massive Probleme haben. Während der Reinigungsphase wird es zu Erdbeben und aufgrund der Schneeschmelze zu Überschwemmungen kommen. Dadurch werden die Menschen erwachen.

Weil mehr Menschen erleuchtet werden, wird dies dem Land Weisheit und Frieden bringen. Bis 2032 werden auch die Menschen in Afghanistan davon profitieren. Wenn Afghanistan seine wahre Seelenenergie wiedererlangt, wird Erstaunliches geschehen. Schlussendlich wird das Land eine große Rolle dabei spielen, der ganzen Welt das Licht zu bringen.

In den Bergen Afghanistans befinden sich große Vorräte an qualitativ hochwertigem Lapislazuli, einem Stein, der uraltes Wissen gespeichert hat und mit dem Dritten Auge in Verbindung steht. Herrliche Smaragde werden hier ebenfalls gefunden, sie sind die verfestigte Energie von Erzengel Raphael, der Wohlstand, Überfluss und Heilung bringt und das Dritte Auge klärt. Auch viele andere Kristalle und Edelsteine finden sich in den Bergen Afghanistans. Diese Steine halten die Schwingungsfrequenz des Landes aufrecht. Wenn es endlich erwacht, wird auch hier eine goldene Stadt entstehen.

Indien

Die ökonomische Situation wird auch weiterhin ein Problem darstellen, aber die größten Herausforderungen für die Menschen werden Überschwemmungen und Hungersnöte sein. Die Welt wird Indien helfen müssen.

Das planetarische Seelenstern-Chakra befindet sich in Agra. Es steht in Verbindung mit Alkione, dem hellsten Stern im Sternhaufen der Plejaden, der Heilung ausstrahlt. Dieses Chakra liegt im Verantwortungsbereich des Erzengels Mariel.

Zwei kosmische Portale werden sich öffnen, das Christus-Licht ausstrahlen und den Fortschritt des Landes unterstützen. Das eine befindet sich an der Quelle des Ganges. Es ist zurzeit noch inaktiv, wird aber gegen Ende des Sommers 2011 erwachen und die Energien aus Metatrons Herzen und seiner Aura verströmen. Dies wird großen Einfluss auf die Wetterverhältnisse und die Bodenbeschaffenheit in dieser Region und in einem Umkreis von zirka 8000 Kilometern haben. Je weiter entfernt ein Ort ist, desto weniger wird er davon betroffen sein. Die Energie wird das Alte auflösen und einen sehr positiven liebevollen Wandel einläuten und Indien bei seinem Aufstieg helfen.

Das zweite Portal, das sich noch vor 2012 öffnen wird, befindet sich in Varanasi. Zwar strömt göttliches Licht in vielen Farben durch dieses Portal, aber hauptsächlich strahlt es ein sehr spirituelles dunkles Violett aus. Dieses Licht hat den Menschen geholfen, die besonderen Familienbande und die einzigartige Reinheit zu erzeugen, die viele Familien in dieser Region und Kultur erlebt haben. Die Menschen sind bereit, sich wieder führen zu lassen. Dieser Prozess wird beginnen, wenn sie sich wieder mit dem Licht verbinden, das diesem Portal entströmt. Es beeinflusst bereits Teile der Bevölkerung, besonders die Kinder und die medial Feinfühligen. Schlussendlich wird es einen positiven Einfluss auf alle Menschen haben.

Außerdem besitzt Indien ein riesiges Energiezentrum in Agra, über dem das Tadsch Mahal errichtet wurde. Es ist das Seelenstern-Chakra des Planeten, das mit der Zahl 11 schwingt, was bedeutet, dass es Energie bringt, um auf höherem Niveau neu anfangen zu können. Wenn sich dieses Chakra 2012 öffnet, wird dies massive Auswirkungen auf das Bewusstsein der in Indien lebenden Menschen haben.

Es wird vorhergesagt, dass der Fortschritt in Indien trotz der Öffnung der kosmischen Portale und des Seelenstern-Chakras nur langsam vonstattengehen wird. Zumindest wird in den nächsten 20 Jahren Frieden herrschen. Gegenwärtig hat Indien seine Seele verloren, deshalb sind seine Bewohner physisch und materiell verarmt.

Schon immer ist es in Teilen Indiens zu Überschwemmungen gekommen. Dies wird auch weiterhin geschehen und sich sogar noch verschlimmern, wenn die Reinigung der alten Energien stattfindet.

Finden die Inder aber ihre spirituelle Orientierung wieder, werden sie eine Energie ausstrahlen, die wieder Wohlstand und Überfluss anzieht. Sobald das geschieht, werden auch die Frauen wieder geehrt werden und das Kastensystem wird sich auflösen. Dann werden Indien und seine Bürger wieder im Licht erstrahlen.

In den letzten 20 Jahren haben sich viele Seelen vom Sirius in Indien inkarniert. Sie bringen großes technologisches Wissen mit und ihr Verstand ist offen für neue und höhere Produktionsmethoden. Wenn sich die Schwingungsfrequenz des Landes langsam erhöht, werden sie sich an einen Großteil dieser höheren wissenschaftlichen Informationen erinnern und die ganze Welt voranbringen. Viele dieser Wissenschaftler werden zu reisenden Lehrern, welche die neuen Erkenntnisse in einer Zeit verbreiten, in der das Reisen schwieriger wird.

Im Norden Indiens wird es zu Überschwemmungen und Hungersnöten kommen. Diese Region bewahrt eine wunderschöne rosafarbene Energie im Land, aufgrund derer Gemeinschaftsgeist und Liebe lebendig bleiben. Außerdem werden Engel über den Bergen singen und so großen Einfluss auf die hier lebenden Menschen ausüben.

Pakistan

Das ganze Land bedarf der Läuterung, da hier zu viele macht-hungrige Menschen leben. 2010 war ich zunächst verwirrt, als ich hörte, dass Pakistan schon lange vor der weltweiten Reini-gung des Planeten, die für 2018 vorhergesagt wird, von schwe-ren Überschwemmungen betroffen wurde. Dann erklärte Ku-meka mir aber, dass die Seelenenergie dieses Landes sich der Notwendigkeit, für das neue Goldene Zeitalter bereit zu sein, so bewusst war, dass sie darum gebeten hatte, die Reinigung früher starten zu dürfen.

Einerseits ist es natürlich schrecklich, was geschehen ist. An-dererseits ist es ermutigend, dass die Seelen bestimmter Län-der Verantwortung dafür übernehmen, den Planeten voranzu-bringen und in eine höhere Dimension zu befördern. Dies führt dazu, dass sich unsere Herzen voller Mitgefühl öffnen und es so mehr Menschen ermöglicht wird, sich mit dem kosmischen Herzen zu verbinden.

Die Mehrheit der Pakistani ist sanftmütig und fürsorglich, auch wenn sie durch strenge Moralvorschriften eingeengt wer-den. Eine Minderheit hingegen ist besonders engstirnig und extremistisch gesinnt. Die Führer sind angesichts der Forderun-gen anderer Regierungen und der Bedürfnisse der Bevölkerung verwirrt und untereinander zerstritten. Sie brauchen Klarheit und eine klare Richtung, damit sie zu sich selbst finden können.

Die hochfrequente Energie, die im Himalaja gespeichert ist, wird dem Land helfen. Wenn Indien seine Seele gefunden hat, wird sich dies auch auf Pakistan auswirken, sodass das Land bis 2032 Frieden finden wird.

Tibet

Tibet wird im Jahr 2022 frei und unabhängig von China sein. China wird das Land so lange wie möglich halten wollen, aber die chinesische Bevölkerung wird Tibet nicht länger unterdrü-cken mögen. 2032 wird Tibet wieder zu einem Leuchtfeuer für die Welt werden, denn die Tibeter wollen nicht mehr, dass das Licht nur auf ihr eigenes Land beschränkt ist. Sie werden es über die ganze Welt verbreiten.

Sie läutern das Land durch Vergebung und spirituelle Praktiken von der Finsternis der Tyrannei. Das können Menschen überall auf der Welt erreichen, wenn sie dem Beispiel der Tibeter folgen.

Das planetarische Kausal-Chakra befindet sich in Tibet. Es ist mit dem spirituellen Aspekt des Sirius verbunden, der Lakumay genannt wird, und es wird von dort die heilige Geometrie und Aspekte des höheren Geistes heruntergeladen. Dieses Chakra befindet sich in der Obhut von Erzengel Christiel.

Auch die Öffnung des kosmischen Portals in Mesopotamien wird sich auf Tibet auswirken. Dieses Portal bringt uns die Weisheit des goldenen Atlantis zurück, die nach dem Untergang von Atlantis von Apollon dorthin gebracht wurde. Wenn Sie sich damit verbinden, empfangen Sie Mut, Weisheit und liebevolle Selbstakzeptanz.

10 Vorhersagen für einzelne Länder des Fernen Ostens

China

Es wird erwartet, dass sich China bis zum Jahr 2032 tief greifend wandeln wird. Das Erdbeben von 2008 ermöglichte es der chinesischen Regierung, Hilfe vom Rest der Welt anzunehmen. Dieses Ereignis öffnete außerdem die Herzen der Chinesen gegenüber den betroffenen Familien. Im Lauf der nächsten 20 Jahre wird es zu massiven Veränderungen kommen, von denen viele durch Tragödien ausgelöst werden, da weitere Naturkatastrophen das Land reinigen.

Das Wetter

Die Seele Chinas weiß um die Bedeutung der kommenden gewaltigen Veränderungen. Statt abzuwarten, bis 2017 die weltweite Läuterung beginnt, hat es darum gebeten, schon jetzt gereinigt zu werden. Daher die vielen Erdbeben und Erdrutsche, die sich bereits jetzt ereignen.

Die Wirtschaft

Wirtschaftlich betrachtet befindet sich China in einer starken Position. Die Finanzstrategien werden noch bis zirka 2020 auf sehr dogmatische Weise gehandhabt werden, sodass das eigene Volk davon nicht besonders profitiert. Aber danach werden Demokratiebewegungen dafür sorgen, dass die Bürger in den darauf folgenden Jahren den ihnen zustehenden Anteil am neuen Reichtum erhalten.

Spirituelle Einflüsse

Da die östlichen und westlichen Kulturen so verschieden sind, glauben die Chinesen, dass sie spirituell wären und der Westen nicht. Im Lauf der 20-jährigen Übergangsphase wird der Westen – wie die ganze Welt – große traumatische Ereignisse zu verarbeiten haben, die aber dazu führen, dass die Menschen miteinander arbeiten statt, durch die Gier nach Macht und materiellem Reichtum bedingt, gegeneinander. Dann wird der Osten anfangen, den Westen als spirituell zu betrachten.

Das planetarische Basis-Chakra befindet sich in der Wüste Gobi in China. Zweck dieses fünfdimensionalen Basis-Chakras ist es, die höheren Energien wie Glückseligkeit, Weisheit und Heilung in der Welt zu verankern. Heilung spielt dabei eine besonders wichtige Rolle, da das Chakra mit den Plejaden, dem Sternhaufen der Heilung, in Verbindung steht. Erzengel Gabriel ist für dieses planetarische Chakra verantwortlich. Er wird Läuterung, Klarheit und Freude durch das Portal in der Wüste strömen lassen, um die Schwingungsfrequenz der Welt anzuheben.

Drei der 33 kosmischen Portale, durch die das goldene Christus-Licht der bedingungslosen Liebe einströmt, befinden sich in China und werden großen Einfluss auf dieses Land haben.

Eines dieser Portale, in dem Guanyin die Energie bewahrt, befindet sich in den Bergen entlang der Seidenstraße. Dieses Portal war lange Zeit inaktiv, wird sich aber im Jahr 2012 öffnen. Die Erzengelin Gersisa, die erleuchtete universelle Engelin, in deren Obhut sich das Portal der Hohlerde, des siebendimensionalen Paradieses im Zentrum der Erde, befindet, arbeitet eng mit Guanyin zusammen. Gersisa ist grau, also Schwarz und Weiß, Yin und Yang, weiblich und männlich sind in einem vollkommenen Gleichgewicht. Auch das Portal bewahrt graues Licht.

Wenn sich dieses Portal öffnet, wird dadurch eine tief gehende Reinigung ausgelöst werden, aber es wird auch perfekte Harmonie und vollkommenes Gleichgewicht bringen. Die Energie wird das Massenbewusstsein berühren und den Menschen helfen, die Welt zu verstehen, andere Menschen richtig einzuschätzen und eine fünfdimensionale Vision aufrechtzuerhalten. Das Portal wird auf all jene einen tiefgehenden Einfluss haben, die in der Nähe leben oder sich mit ihm verbinden.

Das zweite kosmische Portal, das sich öffnen wird, befindet sich in Wuhan im Osten Chinas. Es wird sich nach und nach zwischen 2012 und 2014 öffnen. Jene Menschen, die im Schlaf intergalaktisch reisen, um zu dienen, werden bereits mit der von hier ausstrahlenden Energie vertraut sein. Sie werden sich dessen wahrscheinlich nicht bewusst sein, aber wenn sie und andere, die sich auf diese Frequenz einstimmen können, bereit sind, werden sie in der Lage sein, unglaubliche Heilungen zu vollbringen, zu levitieren und die parapsychischen Möglichkeiten zu demonstrieren, die uns zur Verfügung stehen.

Das dritte kosmische Portal, das sich öffnen wird, befindet sich in Shanxi im Norden Chinas. Es soll sich 2012 öffnen. Dies ist ein Portal der Weisheit. Viele Menschen werden sich berufen fühlen, diesen Ort aufzusuchen – entweder in ihrem Geistkörper während des Schlafes oder physisch. Die Energie wird das gewaltige Potenzial vieler Menschen aktivieren und jene Menschen, die geistig rege sind, dazu bringen, über die unbeschreiblichen Wunder der Schöpfung und der Spiritualität nachzudenken.

Zurzeit existieren in China viele machtvolle Portale und heilige Stätten, die noch nicht aktiviert worden sind. Wenn die Menschen spirituell erwachen, werden diese Stätten energetisiert und die Portale werden sich öffnen. Das durch sie einströmende Licht wird die Herzen der Menschen berühren und die transzendenten Chakras der Massen öffnen. Das wird gewaltige Auswirkungen auf das ganze Land haben.

Ein großer Teil der chinesischen Bevölkerung wird Geister und Engel sehen und aus diesem Grund werden die Menschen anfangen, Fragen zu stellen. Es wird selbst für hart gesottene Skeptiker schwer sein, die Gegenwart von Geistern zu leugnen, wenn sie sie sehen und mit ihnen kommunizieren können. Dann wird ihre rechte Gehirnhälfte, der schöpferische, intuitive, erweiterte und spirituelle Teil des Gehirns, aktiviert, sodass es jedem Einzelnen möglich wird, eine persönliche Verbindung zum göttlichen Quell herzustellen.

Chinas Entwicklung wird durch die große Anzahl abgetriebener Seelen gebremst, die feststecken und noch nicht ins Licht gegangen sind. Wenn sich die Menschen öffnen und beginnen, mit diesen Seelen zu kommunizieren, wird es ihnen ermöglicht, in die geistige Welt hinüberzugehen. Das wird die Energiefelder über China klären und die Schwingungsfrequenz des ganzen Landes erhöhen.

Wieder einmal wird durch Guanyin der Einfluss des Göttlich-Weiblichen gespürt werden und China wird wie Japan auch die Elementarwesen, besonders die Drachen, wieder verstehen. Die gesamte Weltsicht der Nation wird verwandelt.

Innerhalb der nächsten 20 Jahre wird die alte Garde verschwinden und durch ein System ersetzt werden, das mein Führer Kumeka als »Gemeinschaft der Liebe« bezeichnet. Jede Gemeinschaft wird autonom sein und von lokalen Führern mit Integrität und im Interesse des Wohles der Menschen regiert werden. Die Menschen werden sich sicher fühlen. Es wird weitaus größere Freiheiten für die Massen geben, die wieder lernen, das Göttlich-Weibliche zu ehren. Das wird dazu führen, dass sie auch Mädchen respektieren und wertschätzen.

Da die Menschen sich in ihrer Welt mehr zu Hause und sicherer fühlen und sie größeres Vertrauen haben, werden sie einerseits für ihre Rechte eintreten, andererseits mit anderen Menschen zusammenarbeiten und teilen. Sie werden alle Tiere, besonders Hunde, liebevoller behandeln und anfangen, sie als entwickelte Seelen auf ihrem eigenen Weg wertzuschätzen.

Nach 2032, wenn die höheren Energien den Planeten wieder überfluten, werden sich die Chinesen ihrer wahren Weisheit öffnen und das riesige Land wird von Licht erfüllt sein.

Japan

Japan besitzt noch großes Karma aus der Zeit der Grausamkeit und Unterdrückung. Diese dunklen Regionen müssen geläutert werden, was in Zukunft durch weitere Erdbeben geschehen wird. Diese Naturkatastrophen werden die Menschen einander näher bringen und sie mit Demut erfüllen.

Das Erdbeben und der Tsunami von 2011

Als die Überseele Japans die Zunahme des Lichts und den nahenden Aufstieg des Planeten spürte, wollten die Seelen vollständig an der Bewegung hin zum Licht teilnehmen.

Sie wollten auch ihre spirituelle Verbindung zu den Elementarwesen der Drachen und zum göttlich-weiblichen Einfluss der Guanyin bekräftigen, den sie mit der Welt teilen möchten.

Das Erdbeben und der Tsunami des Jahres 2011 wurden durch das Karma ausgelöst, das die Entwicklung Japans bremst. Dieses Karma stammt aus den in der Vergangenheit geführten Kriegen, darunter auch denen in grauer Vorzeit, und aus der unglaublichen Grausamkeit gegenüber fünfdimensionalen Wesen wie Delfinen und Walen und der durch Japan verursachten Verschmutzung der Meere. All dies muss geläutert werden und das Erdbeben entlang der Bruchlinie wie auch der Tsunami waren die ersten Anzeichen dieses Reinigungsprozesses.

Der alles zerstörende Tsunami, den die Welt voller Schrecken mit ansehen musste, zerstörte, reinigte aber auch. Er sollte uns an die Macht des Wassers erinnern und an die Machtlosigkeit des kleinen Menschen gegenüber den Gewalten der Natur. Er forderte uns auf, mit der Natur zusammenzuarbeiten und Licht in die Meere und das Land zu senden, statt sie zu verschmutzen.

Die Tragödie brachte in der japanischen Nation Eigenschaften wie Disziplin, Besonnenheit, Gleichmut, Opferbereitschaft, Bereitschaft zur Zusammenarbeit, Fürsorglichkeit, Geduld und Ausdauer hervor, die von der ganzen Welt bewundert werden. Die Fähigkeit, Hilfe anzunehmen, hat die japanische Nation weicher gemacht und sie verändert, sodass sie nun mehr von Guanyins göttlich-weiblicher Energie aufnehmen kann. Dadurch werden sich die Prioritäten Japans verändern. Aber am wichtigsten ist wohl, dass die tragischen Ereignisse zu einer neuen Demut geführt haben, aufgrund der die Japaner das Ausland um Hilfe bitten konnten. Diese Demut wird Japan schließlich zum Aufstieg befähigen.

Es ist an der Zeit, dass die Menschen Tiere beobachten, die auf die Schwingungen eines Erdbebens oder Tsunamis reagieren, bevor sie sich ereignen, und entsprechend reagieren.

Als Folge der durch die Tragödie entwickelten Eigenschaften wird die Reinigung, die für 2020 vorhergesehen war, nun bereits 2012 stattfinden. Japan wird in Zukunft fähig sein, sich selbst zu helfen.

Die Atomkraftwerke

Die Ereignisse in Japan haben die Aufmerksamkeit der Welt auch auf die Gefährlichkeit und Verwundbarkeit von Atomkraftwerken gelenkt. Die seit Jahren ausgesprochenen Warnungen wurden hier ebenso ignoriert wie anderswo auf der Welt.

Uns wurde bereits vor längerer Zeit mitgeteilt, dass wir Menschen kein ausreichend entwickeltes Bewusstsein haben, um mit der Atomkraft verantwortungsvoll umzugehen und dass Katastrophen daher unvermeidbar sind. Die gegenwärtige Tragödie forderte alle Menschen auf, sich diese Form der Stromgewinnung anzuschauen und sie neu zu beurteilen. Es ist an der Zeit, dass wir uns auf natürliche Formen der Stromerzeugung konzentrieren. Als ich 2012 *Die Welt nimmt Kurs auf das neue Goldene Zeitalter* schrieb, wurde mir mitgeteilt, dass uns Technologien zur Verfügung gestellt werden würden, um die Wasserkraft und andere natürliche Stromerzeugungsmethoden zu nutzen, wenn Frieden auf der Welt herrschen und wir zusammenarbeiten würden. Diese Methoden würden die Erde in keiner Weise belasten.

Eleganz, Schönheit und Rhythmus sind in der kollektiven Seele Japans verankert. Aber wie die Chinesen so halten auch die Japaner den Westen für unspirituell. Diese Ansicht wird sich aber ändern, wenn die ganze Welt zusammenarbeitet, um die kommenden Naturkatastrophen zu bewältigen. Die Japaner werden ihre Herzen öffnen, ihr Bewusstsein erweitern und ein weitaus größeres Universum akzeptieren.

Die Wirtschaft

Wirtschaftlich betrachtet wird die erwartete Double-dip-Rezession der Masse der Bevölkerung schwere Zeiten bescheren. Überall in Japan und in anderen Teilen der Welt werden die Menschen angesichts der Gier der Banken und Großkonzerne so wütend sein, dass sich diese Wut schließlich Bahn brechen wird. Die starre Gesellschaftsstruktur Japans hat den Menschen ihre persönliche Freiheit genommen, sodass sie sich machtlos fühlen. Dies wird sich jetzt langsam ändern, wenn die Arbeiter ihrem Unmut Luft machen und ihre Macht zurückfordern. Die wirtschaftliche Situation wird gemeinsam mit den überall stattfindenden Reinigungsprozessen dazu führen, dass die alten Strukturen bis 2015 zusammenbrechen. Die alten Dogmen werden sich auflösen, wenn die Bürger ihre Rechte einfordern, und ökonomische Gerechtigkeit wird bereits etabliert sein, noch bevor das Geld seinen Wert verliert.

Wie überall auf der Welt so werden auch in Japan bis 2032 Nahrung und Wasser wichtiger als Geld sein.

Spirituelle Einflüsse

Positiv ist, dass die Japaner große Selbstdisziplin besitzen, was für die spirituelle Entwicklung sehr wichtig ist. Es ist leichter, diszipliniert zu sein, wenn man einen Gegner angreift oder ein konkretes Ziel vor Augen hat, als wenn man Frieden schaffen will. Ihre Disziplin ist also gut, aber die bisherige Ausrichtung war falsch. Wenn sich Japan auf Frieden und Harmonie konzentriert hätte, statt auf die kriegerischen Eigenschaften, würde es heute ein erstaunliches Land sein.

Japan, China und ein Großteil Asiens hatten stets eine sehr starke Verbindung zur Drachenenergie. Drachen sind vierdimensionale Elementarwesen, die uns unglaublich helfen können, wenn wir uns ihnen gegenüber öffnen. Wenn sich ihre Welt verändert, werden die Japaner wieder Kontakt zu den Drachen herstellen und von ihnen angesichts des Zusammenbruchs veralteter Strukturen Stärke, Schutz und Kameradschaft empfangen. Das wird es ihnen ermöglichen, sich über ihre Probleme zu erheben und sich höheren spirituellen Dimensionen zu öffnen. Gleichzeitig wird sich wie in früheren Zeiten der göttlich-weibliche Einfluss von Guanyin über die Menschen ausbreiten und Frauen werden wieder anerkannt, wertgeschätzt und als Gleichwertige behandelt werden, die einfach anders sind als Männer.

Die kosmischen Portale von Angkor Wat, Manila und dem australischen Uluru werden höhere spirituelle Energien einströmen lassen, wenn sie sich 2012 öffnen.

Das Portal im kambodschanischen Angkor Wat wird den Menschen helfen, auf der physischen Ebene Freundschaften zu schließen und auch mit Freunden im Geiste, zu denen auch die Engel gehören, Kontakt aufzunehmen. Am wichtigsten ist aber, dass sein Einfluss es den Menschen ermöglichen wird, Zugang zu ihrer eigenen uralten Weisheit zu finden.

Das Portal in Manila auf den Philippinen ist etwas ganz Besonderes. Erzengel Gabriel arbeitet sehr stark mit diesem energetischen Raum, der einen direkten Kanal zum Himmel darstellt. Aus diesem Grund ist die Energie dort vorwiegend weiß. Keruben, Seraphen und Einhörner benutzen dieses Portal häufig. Diese Energie segnet jene, die bereit sind, und gewährt ihre Gnade, um altes Karma aufzulösen. Sie hilft Menschen, klarer zu sehen, sich leichter zu fühlen und Hoffnung und Glück zu empfinden. Der Einfluss dieses Portals wird Freude nach Japan bringen.

Das dritte Portal, das Japan beeinflusst, befindet sich in Uluru in Australien und steht mit der Weisheit der Aborigines in Verbindung. Dieses Portal wird dazu beitragen, dass die Japaner das Land und die Natur wieder besser verstehen und lieben.

Bis 2032 wird Japan voller Gnade und Freude sein.

11 AFRIKA – ein Überblick

Afrika liegt im Verantwortungsbereich von Erzengel Uriel und im Einflussbereich des planetarischen Solarplexus-Chakras, das sich über die gesamte Fläche Südafrikas erstreckt. Afrika war der Schauplatz des zweiten Goldenen Zeitalters, das auch das Zeitalter von Petranium genannt wird. Damals verbanden sich siebendimensionale Wesen mit dem Land, die ein tiefes symbiotisches Verständnis der Natur und der Elemente besaßen. All dieses Wissen und die damalige Weisheit warten nur darauf, in den Übergangsjahren bis 2032 zum Vorschein zu kommen.

Das vierte Goldene Zeitalter wird als Lemuria bezeichnet. In dieser Zeit waren die Wesen sehr ätherisch – wie Feen oder Engel. Sie übten einen starken positiven Einfluss auf den ganzen Planeten aus. Viele von ihnen hatten enge Verbindungen zum Nordwesten Afrikas. Dort steckt uralte dunkle Energie in der Erde, die der Gewalt auf dem Kontinent zugrunde liegt. Die lemurische Heilenergie, die darauf wartet, zurückkehren zu dürfen, wird diese Energie umwandeln, denn die Wesen aus Lemuria versteckten ihre außergewöhnlichen Heilkristalle tief in der Erde und programmierten sie so, dass sie uns in den Jahren des Übergangs helfen können. Sie taten das, um sicherzustellen, dass Afrika auf das neue Goldene Zeitalter vorbereitet wäre, das 2032 beginnt.

Viele der Lemurer, die damals eine Verbindung zur Erde hatten, haben sich jetzt wieder reinkarniert und menschliche Körper angenommen. Sie bereiten sich darauf vor, überall auf der Welt lemurische Heilmethoden anzuwenden. Dies ist für die Welt lebenswichtig und viele Lehrer der *Diana Cooper School* geben lemurische Heilseminare, um all jene zu unterweisen, die dafür bereit und an dieser Art des Dienens interessiert sind.

Die Heilung und Läuterung Afrikas kann nur von innen heraus geschehen. Die Zeit ist gekommen, die lemurischen Heilkristalle zu programmieren und sie so auszurichten, dass sie die dunklen Kristalle in Afrika reinigen. Lemurische Heilkristalle müssen auch nach Ägypten gebracht werden. Dann kann ein neues Netzwerk des Lichts entstehen, das es Afrika ermöglichen wird, seinen rechtmäßigen Platz in der Weltgemeinschaft einzunehmen.

Wenn sich das Bewusstseinsniveau erhöht, werden die Afrikaner ihre Reife und Weisheit beweisen. Die allgemeine Schwingungsfrequenz wird erhöht und die Bewohner des Kontinents werden den Weg zu Erleuchtung und Aufstieg einschlagen. Dies wird große Heilung bewirken und die Aids-Epidemie beenden, allerdings nicht vor 2032. Die Öffnung des planetarischen Chakras in Honolulu wird diesen Prozess dramatisch beschleunigen.

Die Afrikaner besitzen enorm großzügige Herzen und sie werden die vielen Ungerechtigkeiten vergeben, die ihnen im Laufe der Jahrhunderte angetan wurden – auch die Schande der Sklaverei. Die Afrikaner tun dies, weil sie verstanden haben, dass das Festhalten an der Wut ihnen nur selbst Schaden zufügt und die Welt in ihrer Entwicklung zurückhält. Sie werden loslassen und der ganzen Welt die Macht der Vergebung zeigen.

Afrika wird zu einem Kontinent des Friedens und des Wohlstands erblühen. Das große interdimensionale Zweiwegportal in Groß-Simbabwe wird erwachen und voll funktionsfähig sein. Es wird gewaltige Mengen Licht einströmen lassen, das sich über das ganze Land verbreiten wird. Das Portal im Tafelberg wird sich ebenfalls vollständig öffnen, und unter seinem Einfluss wird Afrika vollkommen autark werden.

In Afrika sind zwei kosmische Portale dabei, sich zu öffnen. Das eine befindet sich in Mali und verbindet uns mit der Weisheit der Dogon. Das zweite kosmische Portal befindet sich unter der Sphinx in Ägypten. Von hier entströmt eine wunderschöne sanfte Energie, die dazu beitragen wird, dass alles ins Gleichgewicht kommt. Die Meister kommunizieren mit jenen Menschen, die hören können, durch dieses Portal.

Am wichtigsten ist wohl, dass ganz Südafrika das spirituelle Solarplexus-Chakra des Planeten ist und dass hier große Angst für die ganze Welt gespeichert ist. Wenn sich ab 2012 die Portale öffnen und wieder aktiviert werden, wird sich diese Angst auflösen und das alte Wissen wird zurückkehren. Da Südafrika mit dem Merkur verbunden ist, dem Planeten der Kommunikation, wird das Land bei der Verbreitung der goldenen Wahrheit eine wichtige Rolle spielen.

12 Vorhersagen für einzelne afrikanische Länder

Ägypten

Erzengel Metatrons Refugium befindet sich im ägyptischen Luxor. Metatron bewahrt die Aufstiegsenergie für den ganzen Planeten und zieht gewaltige Mengen an Licht in dieses Land. Nach dem Untergang von Atlantis führte der Hohepriester Ra seinen Stamm nach Ägypten und begründete die ägyptische Kultur, welche die Pharaonen hervorbrachte. Der Stamm des Ra brachte die Baupläne für die Pyramiden mit, die in Wirklichkeit gewaltige kosmische Computer sind, die dazu beitragen, dass sich die Erde in der richtigen Position zu den anderen Sternen befindet.

Die Energie der Sphinx ist seit jeher auf Erden gewesen und Ra brachte sie von Atlantis nach Ägypten. Diese Energie steht in Verbindung mit Mars, beschützt und wacht über unseren Planeten und bewahrt die Akascha-Chroniken auf fünfdimensionaler Ebene. Der aufgestiegene Aspekt des Mars heißt Nigellay und strahlt die Energie des friedvollen Kriegers aus. Wenn sich das unglaublich mächtige Portal der Sphinx öffnet, wird dies gewaltige Auswirkungen auf Afrika und den Nahen und Mittleren Osten und schließlich auf die ganze Welt haben.

Kristallene Heilgitter sind in ganz Afrika zwischen der Sphinx in Ägypten und Südafrika ausgelegt, um Heilenergie zu erzeugen und dem Kontinent Harmonie zu bringen.

Das planetarische Kehl-Chakra befindet sich im ägyptischen Luxor. Es ist mit der Milchstraße verbunden und befindet sich in der Obhut von Erzengel Michael.

Als Leiterin der *Diana Cooper School* wurde ich von meinen geistigen Führern instruiert, dass die Schule ihr jährliches Wiedersehenstreffen 2011 im Tempel von Luxor abhalten soll, und zwar während des ersten kosmischen Moments am 11. 11. 11. Um

11.11 Uhr am 11. 11. 11. wird sich das Portal öffnen und Energie aus dem Zentrum der großen Pyramide der Hohlerde wird durch das Portal zu den vier Aufstiegsgestirnen (Neptun, Plejaden, Orion und Sirius) und von dort aus zum göttlichen Quell strömen.

Gleichzeitig wird die Energie des göttlichen Quells durch die vier Aufstiegsgestirne in das Portal von Luxor strömen. Wer am 11.11. hier steht, wird diese reine Energie des göttlichen Quells und die Weisheit der Aufstiegsgestirne empfangen. Auf diese Weise wird die Erde in ein intergalaktisches Netzgitter eingebunden werden. Dies wird den Aufstieg der Erde, des Universums und aller Universen unterstützen und alles im Licht erstrahlen lassen.

Uns wurde gesagt, dass wir auch Besucher mitbringen dürfen und dass all jene, die sich berufen fühlen zu kommen, bereits intergalaktische Meister sind, auch wenn sie möglicherweise noch nicht erwacht sind. Wie für jeden spirituellen Dienst, so empfängt man auch hier seine Belohnung. Wer die Energie hier aufrechterhält, empfängt Metatrons orangefarbenen Mantel in seiner Aura, durch den er mit dem Licht, der Weisheit und dem Schutz Metatrons verbunden ist und seine Energie so verbreiten kann.

Jene, die diesen Mantel bereits tragen, empfangen zusätzlich noch den goldenen Mantel der Weisheit und des Friedens. Durch ihn werden sie mit den Engeln des Friedens verbunden sein und ein Gefühl wahren inneren Friedens und der Ausgeglichenheit verspüren.

Das Gleiche wird auch an verschiedenen anderen kosmischen Portalen auf dem Planeten geschehen, aber dort werden unterschiedliche Belohnungen und Geschenke gewährt.

Es wurde vorhergesagt, dass der Nil bei Vollmond gegen Ende des Jahres 2012 auf nie vorher dagewesene Weise über die Ufer treten würde und das Land endlich von der in ihm gespeicherten Angst reinigen würde. Es ist sehr wichtig, dass Ägypten geläutert wird, da das Land für die Zukunft des Planeten von großer Bedeutung ist. Aber der Aufstand des Volkes und das Licht und die Gebete, mit denen das Land überschüttet wurde, haben die Energie verändert, sodass Überschwemmungen nicht mehr nötig sind. Nach 2012 wird es hier zu einem gewaltigen Bewusstseinswandel kommen und die große Masse der Bevölkerung wird sich spirituell öffnen.

Mali

Nachdem der Hohepriester Ra seinen Stamm von Atlantis nach Ägypten geführt hatte, zogen die Dogon, die Teil dieses Stammes waren, weiter westwärts und ließen sich im heutigen Mali nieder. Sie brachten die Weisheit und das uralte Wissen des Sirius mit sich, das sie noch heute für uns alle bewahren. Das Portal soll sich 2012 öffnen. Sein Licht wird die neugeborenen Kinder berühren und so sicherstellen, dass sie eine klare Erinnerung an das Licht und die Weisheit haben werden.

Südafrika

Das fünfdimensionale Solarplexus-Chakra des Planeten erstreckt sich über ganz Südafrika. Wie das Solarplexus-Chakra eines Individuums nimmt auch das des Planeten Angst auf und wandelt sie in goldene Weisheit um. Südafrika löst daher die Angst der Welt auf, und aus diesem Grund leuchtet es so selten, da mehr negative Energie einströmt, als es umwandeln kann.

Außerdem ist die Erde das Solarplexus-Chakra des ganzen Universums, sodass die Erde die Angst des Universums durch das südafrikanische Chakra umzuwandeln versucht.

Die Fußballweltmeisterschaft 2010 hat enorm dazu beigetragen, Negativität aufzulösen, da sich die positive Aufregung und das Licht auf den Fußball konzentrierten. Dieses Ereignis brachte ganz Afrika ins Licht.

Jeder lebende Organismus gibt einen Ton von sich. Jedes Chakra, jeder Kontinent und jeder Planet schwingt auf einem bestimmten Ton. Der Ton des Solarplexus ist das B. Der Ton Afrikas ist ebenfalls das B. Der Ton der Erde ist gleichfalls das B. Der

Ton der Vuvuzela, der während der Weltmeisterschaft überall auf der Welt unablässig zu hören war, ist das B. Dieser Ton löste die Angst auf, die in das südafrikanische Solarplexus-Chakra des Planeten strömte, und half dem Land zu strahlen.

Südafrika ist mit Merkur, dem Planeten der Kommunikation, verbunden und wird der Welt in Zukunft noch eine bedeutende Hilfe sein.

13 SÜD- UND MITTELAMERIKA – ein Überblick

Da die Demokratiebewegungen überall auf der Welt stärker werden, kommt es auch vermehrt zu sozialen Unruhen. Auch in Süd- und Mittelamerika wird es zu physischen Veränderungen kommen, von denen einige – wie Erdbeben und Bergwerksunglücke – Auswirkungen auf die Erde haben werden. Aber in diesem Kontinent stecken viele wunderbare Energien, ja sogar Magie. Deshalb hat er der Welt ein großes Maß an Kreativität und noch viel mehr zu bieten.

Die Töne, die von den Bergen und Wäldern erzeugt werden, vibrieren im Boden und wirken sich auf den ganzen Planeten aus.

Zurzeit haben wir nur zu einem Teil der Weisheit der Mayas Zugang. Wenn sie wieder allen Menschen zur Verfügung steht, werden nicht nur Mittelamerika, sondern die ganze Welt dadurch bereichert. Süd- und Mittelamerika werden zu Regionen des Glücks und des spirituellen Überflusses und alle süd- und mittelamerikanischen Länder erblühen.

Die Wirtschaft

Im Gegensatz zum Rest der Welt wird es hier nicht zu einer Double-dip-Rezession kommen und die einzelnen Volkswirtschaften bleiben stabil. Südamerika hat viele Antworten auf die Probleme der Weltwirtschaft zu geben und wird die Welt inspirieren, indem es angemessene Lösungen findet. Die hier lebenden Menschen werden natürliche Methoden entdecken, um genügend Geld zu produzieren, sodass alle überleben können. Durch die Massenmedien und das Fernsehen wird die ganze Welt sehen können, dass Südamerika glücklich ist. Daraufhin werden die Menschen ihre eigenen Systeme infrage stellen und Veränderungen verlangen.

Spirituelle Einflüsse

Nach dem Untergang von Atlantis wurde die Kundalini, also die spirituelle Lebenskraft des Planeten, in den Himalaja gebracht und zunächst von Sanat Kumara in seinem Refugium in der Wüste Gobi bewahrt. Diese Lebenskraft, die eine männliche Energie war, ist später nach Südamerika gebracht worden, wo sie in eine Kugel aus weiblicher Energie umgewandelt wurde. Erzengel Sandalphon beaufsichtigt diese Energie nun in seinem Refugium in den magischen Kristallhöhlen am wunderschönen Lago de Atitlán in Guatemala. Diese Energie wird freigesetzt werden, wenn sich die Kundalini des Planeten 2012 erhöht. Dann werden Süd- und Mittelamerika erblühen.

14 Vorhersagen für einzelne süd- und mittelamerikanische Länder

Brasilien

Dieses riesige Land ist zurzeit durch die Abholzung der Regenwälder, durch den exzessiven Bergbau und die Korruption schwer betroffen. Aber kosmische Liebe von der Venus, die tief in der Erde verborgen ist, wartet nur darauf, an die Oberfläche zu kommen. Dann wird sich das Bewusstseinsniveau der Brasilianer erhöhen und sie werden die Bedeutung der Bäume erkennen. Die Menschen werden ihre Rechte einfordern und beginnen, wieder achtsam mit dem Land umzugehen.

In Brasilien existiert eine lange Tradition von Heilern. In der neueren Vergangenheit sind viele dieser Heiler von der Kirche, dem Staat und dem Militär verfolgt worden, aber in den letzten Jahren haben die Heiler Zufluchtsorte gefunden und können frei praktizieren. Dadurch wird das Bewusstsein vieler Südamerikaner erweitert.

Chile

Als ich 2010 hörte, dass in Chile Bergleute verschüttet worden waren, brach es mir das Herz. Dann erfuhren wir, dass 33 Bergleute eingeschlossen waren und mein Herz machte einen Hüpfer, da ich mir sicher war, dass sie gerettet werden würden, weil 33 die Zahl des Christus-Bewusstseins, der Energie der bedingungslosen Liebe, ist. Die Tatsache, dass sich dies in Südamerika abspielte, ist sehr wichtig, denn dieser Kontinent ist mit der Venus, dem kosmischen Herzen, verbunden und bewahrt die Liebesenergie für die ganze Welt.

Das Rettungsbohrloch wurde am 10. 10. 10 fertiggestellt, am

Tag des Neuanfangs, und das schien so verheißungsvoll! Und alle 33 Bergleute, die das Christus-Licht repräsentierten, kamen wohlbehalten wieder ans Tageslicht. Was für ein wundervolles Omen für Chile, für Südamerika und für die ganze Welt. Für die Bergleute selbst war es eine Einweihung. (Ich habe in 2012. *Die Welt nimmt Kurs auf das neue Goldene Zeitalter* über Einweihungen geschrieben.) Da diese immer extrem herausfordernd sind und das ganze Leben verändern, unterziehen sich viele Seelen gegenwärtig solchen Einweihungen, da sie große Chancen des spirituellen Wachstums darstellen. Dieses Ereignis stellte einen spirituellen Einweihungsritus für die ganze Welt dar.

Guatemala

Die Kundalini des Planeten wurde hierhergebracht, denn hier befindet sich auch das kosmische Herz, das sich jetzt öffnet. Es steht mit der Venus, dem Herz-Chakra dieses Universums, in Verbindung.

Honduras

In der Maya-Siedlung befindet sich ein kosmisches Portal, das sich noch vor 2012 öffnen wird. Die Energie dieses Portals ist warm und deshalb wird sie so viel Verschmutzung wie möglich dadurch hinwegschmelzen, dass sie uns dazu bringt, auf spirituelle Weise zu leben. Menschen, die sich mit dieser Energie verbinden, verspüren ein Gefühl des Heimgekommenseins.

Mexiko

Die Mexikaner haben ein Gefühl der Wertlosigkeit und der Schuld in ihrem kollektiven Bewusstsein. Weil das Land zudem noch Angst gespeichert hat, wehren sich die Vereinigten Staaten so vehement gegen die Einwanderung aus dem Süden. Aber das wird bald bereinigt werden. Das Land bewahrt nämlich auch große Weisheit.

Lokale Portale werden erwachen, die Menschen beeinflussen und das alte Wissen wieder zum Vorschein bringen. Wenn sich dann noch die Portale in Sedona in Arizona und in Hawaii öffnen, wird das einen tief greifenden Einfluss auf die Mexikaner und ihre Nachbarn haben. Bis zum Jahr 2032 wird Mexiko ein wundervoller Ort zum Leben sein.

Peru

Das planetarische Kronen-Chakra befindet sich in Machu Picchu und liegt in der Obhut von Erzengel Jophiel, dem Engel der Weisheit. Es steht in Verbindung mit dem Saturn und dem Mond. Saturn ist der Planet der Ordnung und spirituellen Disziplin, während der Mond das Göttlich-Weibliche ausstrahlt. Mächtige Lichtwesen versammeln sich in Machu Picchu, da es eines der vier interdimensionalen Zweiwegportale des Planeten ist.

Ganz Peru ist zudem ein kosmisches Portal, welches das Christus-Licht bewahrt und mit der Weisheit der Inkas verbunden ist, die vom Hohepriester Thot nach dem Untergang von Atlantis hierhergebracht worden war. Das Portal wird sich 2012 öffnen und uns helfen, unser ganzes Potenzial zu leben. Dazu ist es aber notwendig, dass unsere eigene Energie eine höhere Schwingungsfrequenz annimmt. Wenn das geschieht, besteht die Herausforderung darin, geerdet zu bleiben. Die Erde hier ist stark und arbeitet in perfekter Harmonie mit dem Portal zusammen. Das wird den Menschen helfen, sich dem Planeten verbunden zu fühlen. Großzügigkeit wird durch dieses Portal verstärkt.

Viele Lichtarbeiter haben gewaltige Anstrengungen unternommen, um diesem Portal Licht und Schutz zu senden, sodass es immer klarer wird.

Zwar ist Lima sehr dunkel und wird gereinigt werden müssen, aber die Anden stellen einen Gürtel reiner Energie dar. Die Bäume, welche die gesamte Region bedecken, tragen ebenfalls dazu bei, dass die Energie so hoch wie möglich bleibt, weil sie

Bewahrer des alten Wissens sind. Von hier aus schicken die hier lebenden Elementarwesen telepathische Botschaften der Unterstützung und Ermutigung an die anderen Elementarwesen und das Netzwerk der Bäume.

Kommandant Aschtar nutzt das Portal von Machu Picchu als Eintrittsort für seine Raumschiffe, die kommen, um uns zu helfen und zu beschützen. Auch die Engel der Kommunikation treffen ein, um uns die Kornkreise mit ihren Symbolen zu bringen, damit wir erwachen. Letztendlich wird Peru ein Land voller Licht und Mitgefühl sein.

Der Kristallschädel, der vom Hohepriester Thot in Atlantis erschaffen wurde, wird seinen Hütern im Jahr 2012 übergeben werden, und wir alle werden von den in ihm einprogrammierten Informationen profitieren – auch wenn wir uns dessen nicht bewusst sein mögen.

15 RUSSLAND UND DIE MONGOLEI

In Russland und der Mongolei befinden sich sechs kosmische Portale, die bereit sind, das Christus-Licht auszustrahlen, und die sich zwischen 2012 und 2014 öffnen werden.

Das erste Portal in der Mongolei strahlt eine besondere Energie für Tiere aus, die ihnen helfen wird, sich überall sicher und geliebt zu fühlen und glücklich zu sein. Jene Menschen, die sich vollständig mit ihm verbinden, werden in der Lage sein, Tiere auf vollkommen neue Weise zu verstehen, mit ihnen zu kommunizieren und ihnen zu helfen. Zudem werden sich ihre Herz-Chakras vollständig öffnen. Die Engel werden mit gewissen Menschen – zum Beispiel mit bestimmten Wissenschaftlern und einigen Landwirten – durch dieses Portal arbeiten, um ihnen zu helfen, die Welt auf fünfdimensionale Weise wahrzunehmen. Dieses Portal wird sich 2012 öffnen.

Das zweite Portal in Omsk im Ural, das sich ebenfalls 2012 öffnen wird, ist besonders machtvoll und strahlt eine ganz besondere schwarz-orangefarbene Energie aus. Diese beseitigt Blockaden, sodass sich manche Menschen sehr verwundbar vorkommen werden, aber dies wird dadurch ausgeglichen, dass eine große Liebe, Güte und Großzügigkeit von hier ausstrahlt. Dadurch wird es unseren Schutzengeln möglich, enger mit uns zu arbeiten.

Das dritte Portal befindet sich in Sibirien. Viele Wesen von anderen Planeten werden es benutzen, um uns zu besuchen. Wir können uns auf dieses Portal einstimmen, um uns in andere Dimensionen zu begeben. Wenn wir uns mit seiner Energie verbinden, wird es uns helfen, in Träumen und während der Meditation auf die Vergangenheit zurückzublicken, einen Blick in die Zukunft zu werfen, die geistige Welt zu besuchen und die Gegenwart besser zu verstehen.

Weil dort eine so große Aktivität herrscht, werden Sie automatisch beschützt, wenn Sie sich mit diesem Portal verbinden. Schlussendlich wird es alle Menschen beeinflussen. Dieses Portal wird sich 2012 öffnen.

Das vierte Portal im nordrussischen Agata wird sich erst 2014 vollständig öffnen. Es bewahrt ein großes Quantum an Christus-Licht. Die Energie dieses Portals stärkt die Familienstruktur und die Disziplin und hilft uns, uns auf unsere Wurzeln zu besinnen, in der Gruppe zusammenzuarbeiten, Teil eines Größeren zu werden und unsere Nachbarn zu lieben und sie zu akzeptieren.

Das fünfte Portal befindet sich im Vulkan Opala auf der russischen Halbinsel Kamtschatka und wird sich ebenfalls 2014 öffnen. Dies ist das Portal des Lachens, des Gemeinschaftsgeistes und des Realitätssinns. Durch seine Energie werden Sie geerdet, und es hilft Ihnen herauszufinden, wer Sie wirklich sind. Es ermöglicht Ihnen auch zu verstehen, wer Sie im Laufe der Reise Ihrer Seele gewesen sind.

Das sechste Portal auf dem Berg Gora Chen in Ostsibirien öffnete sich bereits 2010. Es strahlt das Licht der Engel aus, und diese siebendimensionalen Wesen nehmen durch dieses Portal Kontakt mit uns auf. Die hier gespeicherte Energie stellt sicher, dass Sie sich Ihrem Schicksal stellen und es bewältigen. Menschen, deren Schwingungsfrequenz niedrig ist, weil sie noch ungelöste emotionale Konflikte aus diesem oder früheren Leben haben, werden es problematisch finden, sich mit diesem Portal zu verbinden. Es mag dann nützlich sein, zuerst mit dem Portal in Opala Kontakt aufzunehmen.

Die Öffnung dieser wichtigen Portale und anderer kleinerer wird zu einem gewaltigen spirituellen Erwachen der dortigen Bevölkerung führen. Das Selbstvertrauen der Massen wird sich steigern und damit auch ihr Reichtumsbewusstsein, sodass sie Glück und Wohlstand für ihre Länder anziehen werden.

Gegenwärtig sind die Herzen der Russen, besonders die der Politiker verschlossen, weil sie Angst vor dem Westen haben. Es ist daher notwendig, dass das Licht zu ihnen zurückkehrt. Das wird bis 2032 geschehen, wenn genügend Menschen dafür beten.

Die neue Energie, die einströmt, wird dazu führen, dass viele Menschen übersinnliche Fähigkeiten entwickeln und die Dinge auf neue Weise sehen. Das wird ihnen die Hoffnung zurückbringen.

Das riesige Land wird sich in kleinere Gemeinschaften aufteilen, die miteinander in Harmonie und in Frieden mit ihren Nachbarn leben.

Zum Teil wegen der Schneeschmelze, aber auch aus anderen Gründen wird es zu großen Überschwemmungen kommen, was aber dazu führen wird, dass das Beste in den Menschen zum Vorschein kommt. Sie werden schwer dafür arbeiten, ihren Mitbürgern zu helfen, und sogar bereit sein, Hilfe vom Ausland anzunehmen.

Dort, wo der Schnee schmilzt, ist das Land rein. Deshalb wird es hochfrequente Neuankömmlinge anziehen, die dort fünfdimensionale Gemeinschaften gründen werden. Letzten Endes werden auch in Russland und der Mongolei goldene Städte entstehen und die Menschen werden wieder lachen.

16 AUSTRALASIEN UND DER PAZIFIKRAUM

Dies ist eine jener Regionen, die noch vor Atlantis von den Lemurern während ihrer Zeit auf dem Planeten am stärksten beeinflusst wurden. Der universelle Engel Roquiel hat sein Refugium über Uluru und hält von hier aus die Energie Australiens aufrecht.

Australien

Die wirtschaftliche Situation Australiens wird schwierig werden, aber nicht so schwierig wie die Situation Europas, Amerikas, Russlands oder Chinas.

Uluru ist ein kolossales kosmisches Portal, das sich kurz nach 2012 öffnen wird. Es verbindet uns mit der Weisheit der Aborigines, die dieses Portal langsam, aber stetig freisetzen wird, um den Menschen zu helfen, die Wahrheit zu spüren und zu sehen. Die Engel arbeiten mit den Geistern der Aborigines, um Zweifel oder Unsicherheit in unserem Leben auszuräumen. Das Licht, das sich von hier ausbreitet, wird dazu beitragen, dass wir die Natur und die Erde wieder verstehen und lieben.

Dieses Gebiet wird außerdem zum Hauptlandeplatz für Raumschiffe und Wesen aus anderen Universen werden, die in dieses Universum kommen, wovon die ganze Region enorm profitieren wird. Viele Sternenkinder von anderen Planeten oder aus anderen Universen, die um die Bedeutung intergalaktischen Reisens und Kommunizierens wissen, werden sich hier inkarnieren.

Als ich die Informationen für mein letztes Buch *2012. Die Welt nimmt Kurs auf das neue Goldene Zeitalter* empfing, wurde mir mitgeteilt, dass die Wetterverhältnisse in Australien anfangs extremer sein würden und dass es zu Überschwemmungen in einem nie gekannten Ausmaß, zu Hitzewellen und Dürreperioden kommen würde und dass weite Teile des Landes unbewohnbar werden würden. Teile Australiens würden sogar verschwinden. Unglücklicherweise hat sich das bereits als wahr erwiesen, da einige Städte an der Ostküste bereits unter Wasser standen.

Die Überschwemmungen in Queensland waren wirklich ganz furchtbar, und obwohl es im Verlauf des Übergangs zu weiteren Überschwemmungen kommen wird, wird keine mehr so stark sein wie die Überschwemmung des Jahres 2011.

Wenn sich die Schwingungsfrequenz des Planeten erhöht und es den Wissenschaftlern gestattet wird, die Geheimnisse der Wetterkontrolle und des Regenmachens zu »entdecken«, werden bestimmte Gebiete Australiens nicht nur bewohnbar, sondern ausgesprochen schön werden, sodass es sich hier angenehm leben lässt. Sobald die Welt gelernt hat, das Element Wasser zu nutzen und es dort einzusetzen, wo es gebraucht wird, wird es zu einer Wiederaufforstung im großen Stil kommen und nach 2027 wird Australien nicht wiederzuerkennen sein.

Trotz der Art und Weise, wie die englischen Siedler die eingeborenen Aborigines behandelt haben, muss das Land kein großes Karma auflösen. Das liegt zum Teil daran, wie die Aborigines das Land über Jahrhunderte hinweg behandelt haben, wodurch sich viel positive Energie angesammelt hat.

Dank des Klimas konzentrieren sich viele Australier auf sportliche und andere Aktivitäten in der Natur. In den Regionen, in denen der Fokus auf Gier, Anhäufung von Geld und Macht gelegen hat, wird die Erde gereinigt werden. Das gilt natürlich für die ganze Welt.

Die Australier werden Technologien hervorbringen, die ihnen von Außerirdischen zur Verfügung gestellt wurden. In Übereinstimmung mit den fünfdimensionalen Prinzipien werden sie ihr gesamtes Wissen freigiebig mit der Welt teilen. Dies wird sowohl auf telepathischem Wege aus der Distanz erfolgen als auch durch hoch entwickelte Computertechnologien, die von einer Art sind, wie wir sie uns jetzt noch gar nicht vorstellen können.

Wenn sich die Portale von Uluru und auf Hawaii, das den großen Kristall von Lemuria bewahrt, öffnen, wird dies gewaltige Auswirkungen auf Australien haben, die dortige Schwingungsfrequenz erhöhen und die Menschen sanftmütiger machen. Die Australier werden sich der Erde viel mehr verbunden fühlen und sie heilen wollen.

Neuseeland

Neuseelands Energie ist noch weitgehend unverdorben. Die Neuseeländer werden beginnen, zum höchsten Wohle aller zusammenzuarbeiten.

Diese Region war schon immer eine Erdbebenzone, weil sie im sogenannten Pazifischen Feuerring liegt. Das Erdbeben, das im Februar 2011 das Geschäfts- und Finanzzentrum von Christchurch verwüstete, ereignete sich direkt auf einer Verwerfungszone. Das sollte uns daran erinnern, dass wir aufpassen müssen, wo wir bauen und leben. Das Erdbeben war eine Warnung an alle Menschen, die auf Verwerfungszonen leben, die sie auf ihre Verwundbarkeit hinweisen sollte. Aber seit Anbeginn der Zeit fühlen sich gewisse Seelen dazu gedrängt, auf Messers Schneide zu leben, und dies wird auch weiterhin so sein. Dieses Erdbeben warnte die Menschen überall auf der Welt zudem, dass die beste Art und Weise, die Sicherheit einer Region zu gewährleisten, darin besteht, in der fünften Dimension zu leben und zu arbeiten.

Es wird auch weiterhin entlang der Bruchzonen zu Erdbeben kommen. Das liegt vor allem daran, dass das Land des alten Lemuria innerhalb des Pazifischen Feuerrings im Lauf einiger Jahrtausende wieder an die Oberfläche drängt. Das wird sich natürlich auf Neuseeland auswirken. Es mag sich zwar nach einer großen Herausforderung anhören, aber das Land wird eine relativ leichte Übergangsphase durchmachen. Alle Gegenden, die abseits der Bruchzonen liegen, werden sicher sein.

Nach dem Untergang von Atlantis besiedelte einer der zwölf Stämme unter der Führung der Hohepriesterin Hera erst die pazifischen Inseln und dann Neuseeland. Aus ihm gingen die Maori hervor, die über ein großes mystisches und schamanisches Wissen verfügen sowie einzigartige Landwirtschaftsmethoden kennen. Nach 2012 wird dieses Wissen in das Bewusstsein der Neuseeländer zurückkehren und ihnen bei der Bewältigung der Zukunft helfen. Wenn mehr Menschen mediale Fähigkeiten entwickeln, werden sie wahrnehmen können, dass das Land bereits als Eintrittsportal für Raumschiffe des Lichts dient, besonders für jene, die unter dem Kommando von Kommandant Aschtar stehen. Sie werden die Ankunft der Lichtwesen von anderen Planeten begrüßen und die Hilfe, die sie bringen, dankbar annehmen.

Als Folge dieser außerirdischen Hilfe wird Neuseeland erblühen und der ganzen Welt als Vorbild dienen, besonders nach der großen Läuterungsphase, während der ein Supervulkan ausbrechen wird.

Fidschi

Das Nabel-Chakra des Planeten befindet sich auf den Fidschi-Inseln. Wenn es sich öffnet und seine fünfdimensionale Energie ausstrahlt, wird dies der Welt ein Gefühl des Vertrauens und der Freundschaft bringen. Von hier aus wird sich Harmonie über die ganze Welt ausbreiten und ein Gefühl der Brüderlichkeit und Schwesterlichkeit sowie den gegenseitigen Respekt zwischen unterschiedlichen Kulturen fördern. Im Jahr 2032 wird jeder Mensch seine Nachbarn respektieren und ehren.

Ein riesiges kosmisches Portal voller Christus-Licht und der alten Weisheit der Maori wird sich 2012 öffnen. Nach dem Untergang ihres Kontinents kamen die Atlanter auf die Fidschi-Inseln, bevor sie nach Neuseeland weiterzogen. Dieses Portal bringt Energien ins Gleichgewicht, sodass es den Menschen und dem Planeten möglich wird, in ihrem besten Licht zu erstrahlen. Verloren gegangene Erinnerungen werden zurückkehren und alte Bindungen zwischen Freunden und Familien werden gestärkt. Dabei spielt es keine Rolle, ob die betreffenden Personen auf körperlicher oder geistiger Ebene existieren. Die Menschen, die von diesem Portal beeinflusst werden, spüren Inspiration, Verständnis und ein Gefühl des Einsseins.

Hawaii

Das Sakral-Chakra unseres Planeten befindet sich in Honolulu, Hawaii. Erzengel Gabriel lässt von hier aus die fünfdimensionale blass-rosafarbene Energie einer höheren Sexualität einströmen. Das Licht, das von hier ausgeht, wird den Menschen überall auf der Welt helfen, ihre Schwingung von Lust und Bedürftigkeit zu Liebe und auf einem positiven Selbstwertgefühl beruhender Fürsorglichkeit anzuheben. Wenn sich das Gefühl und das Verständnis einer reinen Sexualität von diesem Chakra aus über die ganze Welt verbreiten, werden die Geschlechtskrankheiten abnehmen und bis 2032 vollkommen verschwunden sein. Das Wissen um die transzendenten Eigenschaften der Sexualität wird zurückkehren.

Die pazifische Inselwelt

Fidschi ist das spirituelle Nabel- und Honolulu das Sakral-Chakra des Planeten und beide unterstehen der Obhut von Erzengel Gabriel. Aus diesem Grund strahlen diese Inseln auch Sinnlichkeit, Warmherzigkeit und Gastfreundlichkeit aus. Die beiden fünfdimensionalen Chakras im Pazifik werden sich 2012 öffnen.

Diese planetarischen Chakras im Pazifik sind mit unserem Planeten Erde verbunden. Daher wird das gewaltige Wissen aller alten Zivilisationen, Portale, Reiche und Goldenen Zeitalter von hier aus verbreitet werden. Wenn sich zudem das kosmische Portal auf den Fidschi-Inseln 2012 öffnet, wird der Pazifische Ozean als Ganzes reine Liebe ausstrahlen und überallhin verbreiten.

Das kosmische Portal von Mu, das ebenfalls im Pazifischen Ozean liegt, wird sich auch 2012 öffnen und die latente Weisheit der alten Zivilisation von Mu wiedererwecken. Mu war ein Goldenes Zeitalter noch vor Atlantis und Lemuria. Diese Energie wird den Menschen helfen, sich selbst zu akzeptieren und inneren Frieden zu finden, damit sie das Alte endgültig hinter sich lassen können. Dann werden sie spüren, wer sie wirklich sind, und sich weiterentwickeln. Dieses Portal steckt voll heilender Energie, die zur Wetterberuhigung in dieser Region beitragen wird.

17 ARKTIS, ANTARKTIS UND KANADA

Die Arktis

Das planetarische Sternentor befindet sich in der reinen, schneebedeckten Arktis, die seit Jahrhunderten darauf vorbereitet wurde, diese hohe Frequenz aufrechtzuerhalten. Die Arktis steht mit einem Energiehaufen in den Plejaden in Verbindung, der wiederum mit einem Wurmloch verbunden ist, das direkt zum göttlichen Quell führt. Erzengel Metatron ist für das Sternentor verantwortlich.

Außerdem beginnt sich das kosmische Portal am Nordpol nun zu öffnen. Das höchste und reinste Licht, darunter ein größeres Maß an Christus-Licht als irgendein anderes kosmisches Portal hält, wird von hier aus einströmen, wenn sich das große Portal der Arktis 2012 öffnet. Dieses Portal ist so riesig, dass es die gesamte Welt beeinflussen wird.

Alle Energieformen vermischen sich hier und arbeiten harmonisch zusammen. Wenn Sie dieses Portal aufsuchen, wird es im Interesse des Guten niedere oder schädliche Schwingungen aufnehmen und auflösen.

Auch das kosmische Portal in Alaska, das mit der Weisheit der Inuit in Verbindung steht, wird sich 2012 öffnen. Dieses Portal trägt dazu bei, dass sich die Welt der Engel materialisieren kann. Seine Energie ist reinigend und daher arbeiten die Elementarwesen mit seinem Licht. Besonders aktiv sind die Esaks, deren Aufgabe es ist, die Negativität auf dem Planeten aufzulösen. Wenn Sie sich mit diesem Portal verbinden, bringt es Sie in Kontakt mit anderen Welten, damit Sie mit diesen kommunizieren und ihnen helfen können. Es ist ein wahrhaft magischer Ort, der keinerlei Auswirkungen auf das Klima hat.

Die ganze Region ist seit sehr langer Zeit von Schnee und Eis bedeckt gewesen und ist daher bereits geläutert. Die hier lebenden Inuit, die aus dem goldenen Atlantis stammen, bewahren die Weisheit ihres Stammes aus jener Zeit. Weil Alaska eine so hochfrequente Region ist, wird es hoch entwickelte Menschen anziehen, die sich hier niederlassen, wenn die Gegend bewohnbar ist. Sie werden den Bauplan für eine fünfdimensionale Welt entwickeln.

Die Antarktis

Die Antarktis ist vollkommen rein. Je näher 2012 kommt, desto mehr wird sich ihre Energie verändern, um den Tieren der Welt zu helfen, sich leichter an die kommenden Veränderungen zu gewöhnen. Das kosmische Portal, das sich hier befindet, steht mit dem in Yorkshire in Großbritannien in Verbindung. Das Letztere wird den Wandel beeinflussen.

Erzengel Sandalphon arbeitet von der Antarktis aus, um dem Rest der Welt Ruhe und Gelassenheit zu vermitteln. Das beginnt bereits, erste Auswirkungen zu zeigen. Dieses kosmische Portal ist mit den Portalen im Weltraum verbunden, die sich außerhalb unseres Sonnensystems befinden. Aus diesem Grund werden wir Hilfe erhalten, und die Weisheit, die wir empfangen, wird sich von hier aus über den ganzen Planeten ausbreiten. Die Erde wird davon profitieren, dass sie sich den Energien anderer Planeten öffnet, die durch dieses Portal angezapft werden können. Schlussendlich wird uns dies die Erleuchtung bringen und es uns ermöglichen, klarer zu sehen.

Das kosmische Portal am Südpol öffnet sich 2012 und es fühlt sich sehr lebendig an. Es bringt Menschen und Tieren Energie, Kreativität, Licht und Lachen. Wenn Sie sich mit ihm verbinden, werden Sie in der Lage sein, Ihre Lieben im Geiste, aber auch die geistige Welt insgesamt viel klarer zu sehen. Wenn Sie richtig vorgehen, werden Sie von Glückseligkeit erfüllt sein. Nach 2012, wenn alle Portale offen und aktiv sind, wird dieses Portal den Planeten reinigen und unser Bewusstsein erweitern.

Kanada

Erzengel Michaels Refugium befindet sich in Banff am Lake Louise. Er hält die Energie Kanadas aufrecht, beschützt die Kanadier und gibt ihnen so viel Kraft und Mut. Da das Land nur wenig Karma angesammelt hat und sich viele alte Seelen hier inkarnieren und es zudem über lange Zeit durch Schnee und Eis gereinigt wurde, ist keine große Läuterung nötig. Daher werden die Übergangsjahre relativ leicht sein und danach wird Kanadas Licht hell erstrahlen und auch seinem südlichen Nachbarn, den Vereinigten Staaten, beim Aufstieg helfen.

In Banff befindet sich zudem ein kosmisches Portal, das ständig seine Größe und Energie ändert. Es wird sich 2012 öffnen, wenn die Menschen bereit sind, seine Botschaft zu empfangen. Erzengel Michaels Licht ist hier sehr stark und spezielle heilige Energie strömt durch dieses Portal und wird sich schon bald über die ganze Welt ausbreiten.

18 VEREINIGTE STAATEN VON AMERIKA – ein Überblick

Die Vereinigten Staaten von Amerika sind ein riesiges Land und jeder der 50 Bundesstaaten, einschließlich Alaska und Hawaii, wird durch unterschiedliche Umstände beeinflusst. Da sich die Wetterverhältnisse und die politischen und historischen Rahmenbedingungen teilweise stark voneinander unterscheiden, werde ich jeden Staat einzeln behandeln.

Das ganze Land wurde stark dadurch beeinflusst, dass Barack Obama zum 44. Präsidenten der Vereinigten Staaten gewählt wurde. Seine Wahl im November 2008 erzeugte überall auf der Welt eine Welle freudiger Erregung, die die Erde auf dem Weg des Aufstiegs voranbrachte.

44 ist die Zahl, deren Schwingung dem Goldenen Zeitalter von Atlantis entspricht. Und zu jener Zeit war Barack Obama tatsächlich ein Priester, der speziell dafür ausgebildet wurde, in seiner gegenwärtigen Inkarnation eine Brücke zwischen unterschiedlichen Rassen, Parteien, Staaten und Ländern zu sein. Er brachte alle Eigenschaften mit, die gebraucht werden, um die Vereinigten Staaten voranzubringen, aber antagonistische Kräfte wie die Waffenlobby, die dreidimensionalen Dogmatiker des Bibelgürtels und das angestaute Karma des ganzen Landes haben ihn seiner Entschlossenheit und seiner Macht beraubt. Er sah sich gezwungen, sich mit niederen Energien auseinanderzusetzen, statt sein Licht erstrahlen zu lassen.

Die geistige Welt hatte gehofft, dass Obama genügend stark sein würde, um einige Veränderungen durchzusetzen, aber leider steht er nicht in Kontakt mit den Engeln. Außerdem war geplant, dass er sich auf die Vereinigten Staaten konzentrieren sollte, aber sein Wunsch, der Führer der ganzen Welt zu sein, führt dazu, dass er Gefahr läuft, seine Seelenmission nicht erfüllen zu können.

Das alte Karma und der Widerstand gegen Veränderungen in diesem Land müssen gereinigt und umgewandelt werden. Einiges davon wird die Natur erledigen, in anderen Gegenden wird aber nur die außerordentliche Gnade der Engel helfen und die Menschen in höhere Dimensionen erheben können.

Nach dem Untergang von Atlantis führte der Hohepriester Imhotep seinen Stamm nach Nordamerika, wo sich dieser niederließ, sich friedlich mit den Einheimischen vermischte und seine große Weisheit überall im Land verbreitete, sodass das Land, die Natur und die Tiere respektiert und verehrt wurden. Aber allmählich verloren die Atlanter ihren positiven Einfluss, und die verschiedenen Stämme wurden kriegerischer und fingen an, sich gegenseitig zu bekämpfen.

Ein großer Schmerz drang in die Erde, als dies geschah. Wut ist überall dort in der Erde gespeichert, wo Schlachten, Massaker und Kriege stattgefunden haben, Trauer an den Orten, an denen es zu großen Wanderungen der Stämme kam. In den Sklavenstaaten müssen viele Menschen noch lernen, was Einheit bedeutet; sie müssen ihre Herzen öffnen und lernen zu vergeben. Im ganzen Land hat sich in den vergangenen 400 Jahren großes Karma angestaut, das bis 2032 beglichen sein muss.

Im Gegensatz dazu haben die hehren Ideale der amerikanischen Verfassung den Amerikanern ein Gefühl von Freiheit, Gerechtigkeit und eigener Wertschätzung gegeben. Einige im höchsten Maße idealistische und hoch entwickelte Menschen haben sich hier inkarniert, um die Flamme der Unabhängigkeit und der Freiheit für die Welt am Brennen zu halten. Teile des Landes sind außerordentlich schön, und diese Schönheit spiegelt sich in den Seelen vieler Menschen wider, die hier leben. Dadurch wurden die Engel bewogen zu helfen.

Das Wetter

Da das Land dermaßen groß ist, unterscheiden sich die Wetterverhältnisse stark. Verallgemeinernd kann man aber sagen, dass die Wetterbedingungen extremer werden. Beinahe überall werden Reinigungsprozesse stattfinden und es wird zu einer Massenbewegung in höher gelegene Gebiete kommen.

Die Wirtschaft

Viele Seelen inkarnieren sich in den Vereinigten Staaten oder ziehen dorthin, um Macht, Geld, Kontrolle und Erfolg zu erleben. Aber wie in Europa wird auch hier der Zorn auf die Banken ausbrechen und die Mehrheit der Bevölkerung wird erkennen, dass Gier und Hedonismus nicht gerade die besten Zukunftsaussichten bieten. Das Land wird sehr schwer durch die Doubledip-Rezession getroffen, und die Bürger werden anfangen zu realisieren, dass sie sich einen anderen Lebensstil zulegen, zusammenarbeiten und sich gegenseitig unterstützen müssen. Sie werden anfangen, sich in kleineren Gemeinschaften umeinander zu kümmern und füreinander zu sorgen.

Die Überschwemmung von New Orleans war der erste Vorbote der landesweiten Reinigung und zeigte auf, welche Lektionen gelernt werden müssen. Wenn diese nicht gelernt werden und keine Veränderung des Bewusstseins stattfindet, werden die folgenden großen Naturkatastrophen das Augenmerk der Amerikaner auf die gewaltige Kluft zwischen Arm und Reich lenken. Sollte dieser Fall eintreten, werden die Bürger innerhalb der nächsten zehn Jahre verlangen, dass dieses Problem behoben wird. Das soziale Gewissen der Nation wird dafür sorgen, dass die Armen die materielle Unterstützung bekommen, die sie brauchen, und darüber hinaus auch Hilfestellung, um ihr Selbstvertrauen und ihr Selbstwertgefühl wiederzuerlangen.

Es wird zu einer landesweiten Vertrauenskrise kommen, wenn die Menschen realisieren, dass sie es sich nicht leisten können, das benötigte Öl zu bezahlen. Das Öl im Bakken-Ölfeld in Montana und North Dakota und in anderen Ölfeldern wird zur Schmierung der tektonischen Platten benötigt, aber die Seele Amerikas kann das nicht erkennen. Es wird vorhergesagt, dass die Amerikaner versuchen werden, diese Ölreserven zu fördern. Falls sie das tun, wird sich das daraus entstehende Karma in großen Unglücken und wirtschaftlichem Niedergang manifestieren.

Ein weiterer großer wirtschaftlicher Einbruch wird sich ereignen, wenn der San-Andreas-Graben aktiv wird. Dies wird wahrscheinlich noch vor 2032 geschehen, es sei denn, riesige Mengen Licht werden in diese Region geschickt.

Spirituelle Einflüsse

Die Amerikaner sind fest davon überzeugt, dass sie etwas ganz Besonderes sind. Sie glauben sogar, dass sie das auserwählte Volk sind. Als Folge davon haben sie sich vom Rest der Welt abgekapselt und sind zunehmend isoliert. Die Reinigungsprozesse, die sich hier in Form von Naturkatastrophen ereignen, werden dazu führen, dass sie um Hilfe bitten müssen. Diese Entwicklung hin zur Demut wird der Katalysator sein, der diesem Land ein höheres Bewusstsein bringt.

Das Licht nimmt überall zu, und es gibt kleine Gebiete voll reiner Engelenergie in den Vereinigten Staaten, die die große Masse der Bevölkerung mental wie spirituell erwecken wird. Viele Amerikaner werden schockiert sein, wenn sie anfangen, Geister und Engel zu sehen, weil dadurch feste Glaubenssätze erschüttert werden. Wenn sie anfangen, diese Glaubenssätze infrage zu stellen, wird sich das Land von einem religiösen in ein spirituelles Land verwandeln. Letztendlich werden die Vereinigten Staaten eine offene, fürsorgliche und fünfdimensionale Nation werden.

Viele Menschen werden sich aus den Gegenden, die geläutert werden, in höher gelegenes Gelände begeben. Die Berge werden zu beliebten Wohnorten. Wenn eine große Anzahl von Menschen

in hochfrequente Gebiete umsiedelt, wird sich ihr Bewusstseinsniveau automatisch erhöhen.

Auf dem Territorium der Vereinigten Staaten gibt es sechs
kosmische Portale, die das Christus-Licht der bedingungslosen
Liebe, die zwölf Strahlen und den silbernen Strahl des Göttlich-
Weiblichen ausstrahlen.

Das Erste ist das kosmische Portal von Atlantis im Atlanti-
schen Ozean. Dieses Portal öffnet sich bereits, sodass die Energie des Poseidon-Tempels im Atlantik aktiviert wird, die das alte
Wissen von Atlantis verströmt. Dies wird Menschen und Tieren
gleichermaßen beim Aufstieg helfen, indem ihre Energie verstärkt wird und die alten Begabungen und Talente erweckt werden. Das wird es vielen Menschen ermöglichen, alles in einem
neuen Licht zu sehen. Sie werden sich inspiriert, energetisiert
und kompetent fühlen.

Das zweite kosmische Portal, das Portal von Lemuria, befindet sich in Hawaii und öffnet sich bereits ebenfalls. Dadurch
aktiviert es den großen Kristall von Lemuria, sodass die in ihm
enthaltene Weisheit wieder auf die Erde zurückkehren kann.
Dies wird der Menschheit eine neue Demut bringen, aber auch
eine große Liebe zur Natur und den Wunsch, den Planeten zu
heilen.

Das dritte kosmische Portal wird als Hohlerde bezeichnet,
weil es einen der Haupteintrittspunkte der menschlichen Energie in das siebendimensionale Zentrum unseres Planeten darstellt. Die Öffnung dieses Portals hat bereits Auswirkungen auf
die Leylinien. Es erstreckt sich ovalförmig über Oklahoma, Kansas, Nebraska, South Dakota und den südlichen Teil North Dako-
tas. 2012 wird die Energie stark genug sein, um die ursprünglich kreisförmige Form wiederherzustellen, was Auswirkungen
auf die Menschen und das Land haben wird. Im Jahr 2035 wird
es drei Jahre lang vollständig geöffnet sein und sich danach
langsam wieder schließen. Die Auswirkungen werden sowohl
physischer als auch energetischer Natur sein. Die Energie wird
sehr schnell viele Bereiche unserer Gesellschaft reformieren.
Höhere Engelenergie wird durch dieses Portal einströmen und
Mitgefühl und Liebe in einem Ausmaß mit sich bringen, wie wir

es bisher noch nie erlebt haben. Nach 2012 mag das Wetter in dieser Region etwas unbeständig sein.

Das vierte kosmische Portal, das uns mit der Weisheit der amerikanischen Ureinwohner verbindet, befindet sich in Sedona und wird sich 2012 öffnen. Menschen, die von diesem Portal beeinflusst werden, werden anfangen, ihre wunderbaren Begabungen und Talente zu akzeptieren. Gemeinschaften werden zusammenhalten und anfangen, ihr Land, ihre Herkunft, ihre Vergangenheit und ihren Platz in der Welt besser zu verstehen. Sie werden wissen, wie sie das Beste des Planeten erschließen können, um sich zu regenerieren und harmonisch zusammenzuarbeiten. Dieses Portal wird dazu beitragen, dass ein Gefühl der Einheit entsteht. Das wird einige Veränderungen notwendig machen, aber wenn die Zeit gekommen ist, werden sich Wahrheit und Frieden durchsetzen.

Das fünfte kosmische Portal im Bermudadreieck ist besonders wichtig, da es den großen Kristall von Atlantis beherbergt. Der große Kristall wurde im Tempel des Poseidon aufbewahrt und erfüllte viele Funktionen, darunter auch die eines kosmischen Portals. Als Atlantis unterging, sank der Kristall auf den Meeresboden in der Mitte des Bermudadreiecks. Wenn das intergalaktische Konzil dieses Portal benutzen will, öffnet es sich und alle und alles innerhalb des Bermudadreiecks machen einen rapiden interdimensionalen Wechsel durch. Für menschliche Augen sieht es zwar so aus, als ob die Betroffenen auf tragische Weise verschwinden würden, aber auf der Seelenebene haben diese dem Wechsel zugestimmt. Sie steigen auf eine andere Ebene auf, weil sie für den nächsten Schritt in ihrer Entwicklung bereit sind. Die Energie um dieses Portal herum ist sehr dicht, um den Rest der Welt vor seinem einzigartigen und wunderbaren Einfluss zu schützen. Aus diesem Grund wird es auch die Wetterverhältnisse in einiger Entfernung nicht beeinflussen. Die große universelle Engelin Joules ist für dieses Portal und die Meere verantwortlich.

Das sechste kosmische Portal befindet sich in Alaska. Es enthält riesige Mengen an Christus-Licht, der goldenen Energie der bedingungslosen Liebe. Die hochfrequente Energie, die durch es hindurchströmt, wird beträchtlichen Einfluss auf das ganze Land haben.

Zudem stellt Yellowstone ein riesiges Portal für die Natur dar. Der Vulkan wird während der Übergangsjahre nicht ausbrechen.

Ein weiteres riesiges Portal ist der Grand Canyon, der die Energie der Plejaden bewahrt und durch den heilende Energie für den amerikanischen Kontinent und die ganze Welt einströmt.

19 Vorhersagen für die einzelnen Bundesstaaten

Alabama

Alabama war die Heimat vieler edler Stämme amerikanischer Ureinwohner, darunter die Cherokee und die Choctaw. Obwohl diese gezwungen wurden, ihr Land zu verlassen und sich in Reservationen in Oklahoma und Texas niederzulassen, sind ihr Schmerz und ihr Leid ebenso im Land gespeichert wie ihre Spiritualität. Dieser Staat war tief in die Sklaverei verwickelt und rassistisch motivierte Intoleranz ist immer noch weit verbreitet. Als Folge davon existiert großes Karma, das beglichen werden muss und hauptsächlich durch Wind und Wasser geläutert werden wird. Bitte senden Sie all Ihre Liebe hierher und bitten Sie um Frieden.

Alaska

Das Land hier ist sehr rein, weil es seit langer Zeit unter Schnee und Eis begraben liegt. Diese Region wurde von den Inuit besiedelt, die vom Stamm des Hohepriesters Seth abstammen, der nach dem Untergang von Atlantis hierherkam. Die Inuit haben ihr uraltes Wissen im Interesse der ganzen Welt bewahrt. Zudem gibt es ein kosmisches Portal in Alaska, das den Staat mit dem Christus-Licht überfluten und die Schwingungsfrequenz selbst in den angrenzenden Gebieten noch weiter anheben wird. Wenn sich das planetarische Sternentor-Chakra 2012 öffnet, wird das Licht des göttlichen Quells auf diesen Staat herabscheinen und ihn in ein strahlendes Licht für die ganze Welt verwandeln.

Arizona

Dieses Land befand sich vor Urzeiten unter Wasser und bis heute können in der Wüste Muscheln und Fossilien von Fischen gefunden werden. Während dieser Zeit wurde das Land gereinigt. Später war es Heimat für viele große Stämme der amerikanischen Ureinwohner, die das Land ehrten und es als heilig empfanden. Leider bekriegten sie sich untereinander, und es kam zu vielen Massakern, deren Energie gegenwärtig von Wesen, die von den Plejaden stammen, geläutert wird.

Der gewaltige Grand Canyon ist ein Ort hochkonzentrierter Energie und selbst ein Portal, welches das Licht für diese Region bewahrt. Wenn sich das große kosmische Portal in Sedona 2012 öffnet, wird sich das Bewusstsein der hier lebenden Menschen entzünden und sie daran erinnern, dass sie die Erde und alle Tiere lieben und für sie sorgen müssen. Dieses Wissen wird sich auch auf die anderen Bundesstaaten ausbreiten. Arizona wird eine relativ leichte Übergangsphase haben.

Arkansas

In dieser Region hat es große Gier und viele Manipulationen gegeben, besonders in Zusammenhang mit den Diamantenminen. Da Diamanten die konkretisierte Form der Energie Erzengel Gabriels sind, besitzt er hier großen Einfluss. Ab 2012 wird das Gleichgewicht wiederhergestellt werden, sodass alle, die das Land miteinander teilen, gleiche Rechte haben. Jene Menschen, die seit Langem in dieser Region gelebt oder gearbeitet haben, werden auch viele Lektionen gelernt haben – zum Beispiel wie man Kompromisse schließt, verhandelt, sich auf sein Gefühl verlässt und die Erde respektiert. Die Diamantenminen sind hochfrequente Orte, an denen die unterschiedlichen Energien von Menschen und Tieren gesammelt werden, um verlässliche Daten zu erhalten, die dann genutzt werden, um den Menschen in anderen Teilen der Welt dabei zu helfen, besser zu kommunizieren und effizienter zusammenzuarbeiten und zu teilen.

Diese Region muss gereinigt werden, aber nicht vor 2012. Dann wird Erzengel Gabriel das Land mit seiner Energie auf verschiedene Weise berühren – unter anderem mit Wirbelstürmen und Überschwemmungen. Die Menschen werden zusammenarbeiten, um die Schäden zu bewältigen, und dadurch öffnen sich ihre Herzen.

Colorado

Wie in allen Bergregionen ist auch in Colorado das Land relativ rein. Die amerikanischen Ureinwohner ehren die Erde noch und hoch entwickelte Menschen fühlen sich von dieser Region angezogen. Die Öffnung des Portals von Hohlerde wird den Bundesstaat erheblich beeinflussen. Die bergigen Regionen Colorados werden im neuen Goldenen Zeitalter im Licht erstrahlen.

Connecticut

Dieser Staat bewahrt große Heilenergie und reines Licht. Das liegt vor allem daran, dass ein Portal in South Glastonbury mit einem besonders heiligen Ort voller Liebe und Licht in der siebten Dimension – oder dem siebten Himmel – verbunden ist. Dieses Portal, das allerdings kein kosmisches Portal ist und kein Christus-Licht enthält, ist bereits erwacht und wird sich 2012 vollständig öffnen. Wenn Sie dort sind, werden Sie von bedingungsloser Liebe und Akzeptanz gegenüber allen und allem erfüllt werden. Es wird Ihnen helfen, glücklich zu sein und sich selbst als heilig zu empfinden. Die Geister vieler Menschen, die in den Weltkriegen starben, haben diesem Ort ihre Vergebung und ihre Tränen geschickt, um sein Licht zu verstärken. Sie werden in Zukunft die Aufmerksamkeit der Welt hierherlenken, um uns allen die Augen zu öffnen.

Delaware

Delaware ist sehr industrialisiert und wird dadurch stark beeinflusst. Viele Menschen und Materialien sind hier durchgezogen, sodass sich alle diese Energien vermischt haben. Einige dieser Energien sind lichtvoll, weil viele Menschen warmherzig waren, aber viele sind es nicht. In den kommenden Jahren werden sich viele Fabriken wandeln oder stillgelegt werden. Die Region wird durch Veränderungen in der tektonischen Plattenstruktur, die unterirdisch stattfinden, gereinigt werden. Nur etwas dermaßen Dramatisches, das überwiegend unter der Oberfläche stattfindet, kann die blockierte Energie lösen. Nach der Reinigung werden die Menschen in der Lage sein, ihre Herzen zu öffnen, ihre innere Schönheit zu zeigen und positives Licht auszustrahlen.

Florida

Teile Floridas sind so niedrig gelegen, dass Überschwemmungen unvermeidlich sind. Dadurch wird die Negativität der Vergangenheit – die zum Beispiel von der Sklaverei, vom Krieg und von der Dogmatik verursacht wurde – weggespült. Auch Wirbelstürme werden ihren Teil dazu beitragen, das alte Karma zu begleichen.

Vergnügungsparks wie *Disney World*, die dem reinen unschuldigen Vergnügen und der Freude dienen, haben andere Teile Floridas geheilt und erhellt. Sie haben leichtere Energie in das umliegende Land abgegeben, wodurch die Energie der Gier ausgeglichen wurde.

Das kosmische Portal des Bermudadreiecks, das den großen Kristall von Atlantis bewahrt, wird erheblichen Einfluss auf Florida haben. Es wird dem, was von Florida übrig bleibt, ermöglichen, zu einem fünfdimensionalen Lichtstrahl zu werden, der die Vereinigten Staaten und die Welt erhellt und die Menschen für eine wahre Spiritualität öffnet.

Georgia

Die Reinigung dieser Region hat bereits begonnen. Georgia wird von einem gewaltigen Regenbogen des Lichts überspannt, der Menschen und Tieren hilft, sich so wohlzufühlen, wie sie sind. Das ermöglicht es ihnen, sich vollkommen eins mit sich selbst und frei zu fühlen. So können sich ihre Seelen erheben und fliegen. Das Licht befähigt jene Menschen, die von materiellem Verlangen erfüllt sind, dieses Verlangen loszulassen. Das betrifft vor allem die Jugendlichen, die großen Einfluss auf den Planeten haben werden, da sie die zukünftigen Erwachsenen sind. Es wird leicht sein, die Veränderungen in ihnen zu sehen, da ihre Seelen auf vielerlei Weise unbefleckt sind. In der Vergangenheit waren manche der hier lebenden Kinder sehr ungestüm und übertrieben selbstbewusst und haben ungeachtet der Konsequenzen einfach getan, was sie für richtig hielten. Sie haben Spuren mutiger Energie hinterlassen, die sich auf die heutigen Jugendlichen positiv auswirken und es ihnen ermöglichen werden, im Bewusstsein ihrer eigenen Stärke selbstbewusst aufzutreten.

Hawaii

Nach dem Untergang von Atlantis brachte der Hohepriester Hermes seinen Stamm nach Hawaii, wo aus ihm die Kahunas hervorgingen. Sie brachten die machtvolle Verbindung zu den Delfinen mit und weiteres altes Wissen, das damit in Zusammenhang stand. Hawaii hat eine ganz besondere Energie, da es die Weisheit von Lemuria ebenso wie die von Atlantis bewahrt. Das kosmische Portal öffnet sich 2012, und da der große Kristall von Lemuria hier aufbewahrt wird, werden sich die lemurische Weisheit und Heilkraft strahlenförmig über die ganze Welt ausbreiten.

Im Frühjahr 2011 wurde Japan von einem gewaltigen Tsunami verwüstet, der einen Meter hohe Wellen nach Hawaii schickte. Hawaii ist ein so besonderer Ort, dass der Tsunami eine spezielle Botschaft über Vertrauen aus der geistigen Welt dorthin brachte: Vertrauen darauf, dass die Hawaiianer immer die Führung und die Warnungen erhalten werden, die sie benötigen; Vertrauen darauf, dass das Wasser ein Freund ist. Das Letztere erinnert sie daran, mit den Elementarwesen des Wassers wie Meerjungfrauen und Undinen zusammenzuarbeiten. Die durch den Tsunami ausgelöste Welle hätte kleiner sein können, und die Hawaiianer hätten verhindern können, dass sie auf Land traf, wenn sie mit den Elementarwesen zusammengearbeitet hätten.

Idaho

Da Idaho in der Nähe des Hohlerde-Portals liegt, wird der Staat durch die Veränderungen der Landschaft beeinflusst werden. In Idaho ist große Kraft im Land gespeichert, die aber vor 2012 nicht zum Vorschein kommen kann. Viele der niederen Gefühle werden dann aufgelöst, und die Bewohner werden das Land und die Tiere schätzen und respektieren, sodass diese Region in eine höhere Dimension übergehen kann.

Illinois

Damit sich die Einwohner von Illinois weiterentwickeln können, müssen sie die Vergangenheit vergessen und vergeben. Das wird es ihnen ermöglichen, problemlos aufzusteigen, wodurch Licht, Freude und Glück in diese Region gebracht werden. Illinois wird sehr stark von einer uralten Energie der Magie, Romantik, Schönheit und Integrität vom Planeten Venus beeinflusst. Wenn genügend Menschen dazu bereit sind, werden sie dieses Licht empfangen und selbst strahlen.

Indiana

Der Staat Indiana bewahrt ein ganz besonderes Licht, das sehr subtil und beinahe durchsichtig goldgelb, in der Mitte blass und an den Rändern dunkler ist. Diese Region wurde erwählt, um eine besondere Eigenschaft zu bewahren, da sie die Menschen als Folge vergangener Ereignisse und der hier herrschenden Energie mit der geistigen Welt harmonisiert.

Dieses goldgelbe Licht fördert Freundschaft und Zusammenarbeit und wird sich schließlich von hier aus über die ganze Welt ausbreiten. Viele Menschen und Tiere werden 2012 ein Prickeln auf der Haut verspüren, wenn sie sich der Gegenwart von Elementarwesen und Einhörnern öffnen. Indiana wird eine sehr spirituelle Region sein, die während der Übergangsphase Licht in andere Gebiete schicken wird, um ihnen zu helfen.

Iowa

Dieser Bundesstaat liegt östlich des kosmischen Portals der Hohlerde. Er wird sehr stark von den stattfindenden energetischen Veränderungen betroffen sein, die sich dort in den nächsten 20 Jahren ereignen werden. Die tatsächlichen Erdverschiebungen werden Iowa nur in geringerem Maße betreffen. Wo Dogmatik vorherrscht, wird sie in Spiritualität umgewandelt. Wenn sich die Herzen öffnen, wird sich die Einstellung gegenüber Rindern, Hühnern und anderen Geschöpfen ändern und sie werden mit Respekt behandelt werden. Menschen, die in den landwirtschaftlichen Gebieten leben, werden sich allmählich des Schadens gewahr, der durch den Gebrauch von giftigen Sprühmitteln und Düngern angerichtet wurde. Dann wird das Land geläutert sein. Im Land selbst ist großes Licht gespeichert, das bei der notwendigen Reinigung nützlich sein wird.

Kalifornien

Auf diesen Bundesstaat wirken die verschiedensten Kräfte ein. Dort, wo Gier und Hedonismus vorherrschen, wird es zu einer Reinigung kommen. Bereits jetzt verbrennen die Waldbrände Teile der alten Negativität. Es wird auch zu Überschwemmungen kommen, und wenn der San-Andreas-Graben aktiviert wird, entsteht großes Chaos, durch welches das Beste in den Menschen hervorgebracht wird.

Es gibt allerdings auch Flecken der Reinheit in den höher gelegenen Gebieten, zu denen viele Menschen hinströmen werden. Einer dieser Flecken ist der Mount Shasta im Norden, der sich unter der Obhut Erzengel Gabriels befindet und heilende Energie von den Plejaden empfängt. Dieser heilige Berg und seine Umgebung schwingen auf einer sehr hohen Frequenz. Die Menschen fühlen sich dorthin gezogen, aber nicht alle können mit dieser hohen Energie umgehen.

Die Raumschiffe von Kommandant Aschtar landen hier und nehmen Kontakt zu einer gewissen Anzahl Menschen auf, die dann dieses außerirdische Wissen verbreiten. Dies wird noch zunehmen, während sich der Planet in der Übergangsphase befindet.

Kalifornien wird auch durch die Öffnung der kosmischen Portale von Sedona, Hohlerde und Hawaii beeinflusst werden. Jene Menschen, die bereits hoch entwickelt sind, werden erblühen, wenn das alte Wissen dieser Portale in ihnen erwacht. Sie werden zusammenarbeiten, um Menschen in Not zu unterstützen – besonders jene Menschen, die Schwierigkeiten haben, mit dem einströmenden Licht umzugehen.

Die Filmindustrie wird sich inspiriert fühlen, als Antwort auf den größer werdenden Hunger nach spirituellen Informationen und Inspiration spirituelle Filme zu produzieren.

Kansas

Das Land hat aufgrund der Vertreibung der Indianer viel Angst, Zorn und Trauer gespeichert und wartet nun darauf, geheilt zu werden. Kansas ist durch die Öffnung des kosmischen Portals der Hohlerde, durch das die Macht des göttlichen Quells und das Christus-Licht einströmen werden, direkt betroffen. Die Herzen der Menschen und ihr Denken werden dadurch tief berührt. Die Energie wird das alte Karma heilen und ein wunderschönes liebevolles Licht zum Strahlen bringen.

Da der Staat durch die umliegenden Gebiete stark beeinflusst wird, vermischen sich hier sehr viele unterschiedliche Energien. Nach 2012 werden die Bürger kooperieren und Freude und Glück verbreiten.

Kentucky

Vor langer Zeit wurden viele Männer dieses Binnenstaates gezwungen, zur See zu fahren. Sie wurden stark durch das beeinflusst, was ihnen auf dem Meer widerfuhr, und durch die Legenden, die sie dort hörten. Diese Traumata brachten sie mit nach Hause. Sie sind immer noch in der Erde gespeichert. In Kentucky befindet sich ein Portal, durch das türkisgrüne Energie strömt, um diese Gefühle zu heilen.

2012 wird eine weitere hochfrequente Heilenergie von anderen Portalen nach Kentucky strömen. Diese Energie wird von jenen Menschen verwendet werden, die demütig genug sind, sie dankbar anzunehmen. Sie wird nur zum Wohle jener Menschen eingesetzt, die sie verdient haben, und sie kann nicht kontrolliert werden. Dann wird das Land gereinigt werden, sodass Kentucky einen leichten Übergang haben wird.

Denken Sie daran, wenn jemand in positiver Weise an das Meer denkt, erhellen seine Gedanken das Meer und alle seine Geschöpfe.

Louisiana

Eine ganz besondere, magische Qualität, die in der Erde verborgen ist, wartet darauf, in Louisiana zum Vorschein zu kommen. Wenn dies geschieht, werden die Menschen realisieren, dass das Leben mehr ist als das, was sie sehen können. Jene Menschen, die bereits andere Dimensionen und Welten spüren oder sehen können, werden anfangen, noch mehr zu verstehen. Das wird das Karma und den Schmerz der Sklaverei auflösen, die noch im Land eingeschlossen sind.

Die ganze Welt schaute dem Beginn der Reinigung von New Orleans zu. Dadurch wurde die Aufmerksamkeit auch auf die ethnischen und ökonomischen Unterschiede gelenkt, die immer noch existieren.

Vor vielen Tausend Jahren kam eine Gruppe Atlanter in diese Region, weil sie schon ahnten, dass Atlantis untergehen würde. Diese Menschen haben sich nie reinkarniert, aber weil sie wussten, dass 2012 das Ende einer kosmischen Ära sein und es in dieser Region viel Intoleranz und große Ungerechtigkeit geben würde, kamen sie, um das Land auf 2012 vorzubereiten. Sie brachten eine spezielle gelbe Energie mit, die sie tief im Boden verankerten. Diese Energie wird den heutigen Bewohnern von New Orleans helfen, die Vergangenheit und alles Urteilen loszulassen, bevor es zu spät für Veränderungen ist. Aus diesem Grund strahlt New Orleans ein helles Licht aus.

Maine

Viele Menschen, die vor allem ihre linke Hirnhälfte nutzen, wurden an den Universitäten des Lichts auf den Doppelsternen des Sirius und seines aufgestiegenen Aspektes Lakumay ausgebildet. Diese präzis denkenden, hochgradig intellektuellen Menschen werden nun nach Maine ziehen und sich dort versammeln, um spirituelles Wissen zu offenbaren. Außerdem werden sie neue Technologien und mathematische Erkenntnisse empfangen, dank derer die Welt in das neue Goldene Zeitalter voranschreiten kann. Ihre Klarheit und ihr Fokus erzeugen ein Energiefeld, das von Menschen mit niedrigen Schwingungen nicht so einfach durchdrungen werden kann. Das wird sicherstellen, dass die hochfrequenten Informationen und Technologien wirklich allen Menschen zur Verfügung stehen.

Es wird zudem noch einen schützenden spirituellen Einfluss durch Wesen von Nigellay, dem aufgestiegenen Aspekt des Mars, geben. Diese Wesen, welche die Energie des friedvollen Kriegers verkörpern, fühlen sich ebenfalls zu diesem Staat hingezogen. Die Verbreitung der Energie wird von der Erzengelin Gersisa, die in Hohlerde arbeitet, beaufsichtigt und geschützt.

Maryland

Maryland ist eine ganz besondere und sehr wichtige Region, die sehr rein ist. Das ganze Gebiet wird von Engeln bewacht, die ihr Licht auf den Staat scheinen lassen.

Maryland hat zwei Portale. Das Erste auf der Erde ist mit der Welt der Engel verbunden. Von dort aus besteht eine Verbindung zum zweiten Portal im Weltraum, das voll kosmischer Liebe ist. Das Weltraumportal sammelt Informationen über alles, was jemals geschehen ist und in der Zukunft wahrscheinlich geschehen wird. Danach sendet es die Energie durch das erste Portal zur Erde, um uns allen zu helfen.

Maryland befindet sich zurzeit mitten in einem Dimensionssprung. Manchmal befindet es sich in der dritten Dimension, dann wieder erhöht sich seine Schwingungsfrequenz, sodass es sich in höheren Dimensionen befindet. Dann sind dort Glück und Wärme spürbar. Aufgrund dieser Frequenzschwankungen mag die Region manchmal unruhig sein. 2012 werden die Engel einen starken Strahl marineblauer Energie senden, der all diese Informationen in die ganze Welt hinaussendet. Das wird es den Menschen ermöglichen, den Planeten besser zu verstehen.

Massachusetts

Dieser Staat ist überwiegend fünfdimensional. Die Menschen, die dort 2012 leben werden, sind sehr reine Seelen, die wissen, wie man in Harmonie miteinander lebt. Dies ist ein Ort der Besinnung, denn die Menschen bewahren die Schlüssel zur Evolution. Die Engel singen in dieser Region, und ihre Stimmen, die heilen, helfen und neue Hoffnung bringen, können in Zeiten der Not immer gehört werden.

Nach 2012 wird Massachusetts aufgrund der Umweltveränderungen in den angrenzenden Staaten zu einem Zufluchtsort werden.

Michigan

Dieser Staat grenzt an Seen und die Nähe zum Wasser übt einen reinigenden Effekt auf das Land aus. Die Einstellung der Bewohner Michigans gegenüber dem Land und den Tieren wird sich in den nächsten Jahren wandeln. Jene, die eine Verbindung zu den reinen Lehren Jesu haben, gleich ob sie nun im Geiste oder in einem physischen Körper sind, werden andere durch ihr Beispiel lehren. Das Wasser wird ihre Energie verstärken und ihrer Botschaft neue Kraft verleihen.

Minnesota

Die Engel werden mit den Kindern in der Schule arbeiten, um ihnen zu helfen, sich von den alten Denkweisen zu lösen, die seit langer Zeit die Menschen beeinflussen. Dadurch wird es den Kindern ermöglicht, in die fünfte Dimension aufzusteigen. Das wird allerdings für einige Kinder dieser Region wegen der dogmatischen Einstellung, der sie ausgesetzt waren, schwieriger sein.

Mississippi

Diese Region wird immer noch von der Angst vor Hexerei, die hier ausgeübt wurde, und der Ära der Sklaverei beeinflusst. Viele der afrikanischen Sklaven besaßen einen inneren Frieden, der ihrer Demut entsprang – auch wenn sie dies nicht immer zeigten. Der Frieden, den sie in ihren Energiefeldern bewahrten, hatte jedoch einen reinigenden Einfluss auf das Land. Aber es ist noch mehr nötig.

Die Sklaven lebten nämlich auch in großer Angst, und das verhinderte, dass sie und andere Menschen dieser Region ihre wahren Gefühle zeigen konnten. Ihre Angst wirkte sich auf alle Menschen aus, die hierherkamen. Aber die Angst wird aufgelöst werden, sodass sie das Land, seine Bewohner und die Besucher nicht länger negativ beeinflusst. Jene Menschen, die hier gelebt haben, haben die Angst selbst erlebt und aus ihr gelernt. Aus diesem Grund neigen sie dazu, offen zu sprechen und in Harmonie mit anderen Menschen zu leben. Sie haben ein tieferes Verständnis davon, wie man allen Menschen Schönheit und Licht bringen kann.

In den Regionen, in denen die amerikanischen Ureinwohner gezwungen wurden, Mississippi, aber auch andere Staaten zu verlassen, wird der Schmerz der erzwungenen Trennung von ihrer Heimat immer noch in der Aura der betreffenden Region gespeichert. Dieser Schmerz liegt dem Zorn zugrunde, der in dieser Region zu so großen Spannungen zwischen den Rassen geführt hat.

Wenn das Karma bis 2022 aufgelöst ist, wird Mississippi ein glückliches Land sein, in dem Brüderlichkeit und Schwesterlichkeit herrschen.

Missouri

Der Geist vieler Bewohner von Missouri ist aufgrund ihres dogmatischen Glaubens verschlossen. Dies hat die Entwicklung der Menschen gebremst. Sie werden schockiert sein, wenn das höhere

Licht auf sie hernieder scheint und sie für andere Dimensionen und neue Einsichten öffnet.

Das ätherische Refugium von Erzengel Chamuel, dem Engel der Liebe, befindet sich in St. Louis. Von hier aus wird immer mehr höheres Licht auf Missouri ausstrahlen, was nicht nur diesem Staat, sondern auch den angrenzenden Bundesstaaten helfen wird. Wenn das Karma aufgelöst ist, werden sich die Herzen der Menschen öffnen und Missouri wird zu einem wahrhaft schönen Ort voller Liebe und Toleranz.

Montana

Montana liegt westlich des kosmischen Portals der Hohlerde und wird sehr stark von den energetischen Veränderungen beeinflusst werden, die sich hier in den nächsten 20 Jahren ereignen. Montana bewahrt bereits den goldenen Christus-Strahl. Das Christus-Licht stellt eine gewaltige Energie bedingungsloser Liebe dar, die im Kosmos gespeichert ist. Sie wurde vor 2000 Jahren auf die Erde gebracht, und in den letzten Jahren ist noch mehr davon eingeströmt. Das Licht, das jeden Tag von Montana ausstrahlt, läutert die Welt nach und nach in kleinen Dosen. Diese Region wird ein hochfrequenter guter Ort zum Leben sein.

Nebraska

Das kosmische Portal von Hohlerde erstreckt sich über ganz Nebraska, sodass dieser Staat direkt davon beeinflusst wird. 2012 wird eine dunkelrot-rosafarbene Liebesenergie aus dem Herzen Nebraskas ausstrahlen und die ganze Welt erfüllen. Dadurch werden Liebenswürdigkeit, Güte, Besonnenheit und Reinheit in den Menschen hervorgebracht, wodurch das Alte aufgelöst wird. Diese Energie wird den Bewohnern des Staates zudem helfen, mit den Veränderungen der Erde während der Übergangsphase fertig zu werden und ihr altes Karma aufzulösen.

Nevada

Nevada besteht vorwiegend aus Wüste und Gebirgen. Berge bewahren generell ein hochfrequentes Licht, und jene in Nevada schaffen es, die Energie aufrechtzuerhalten.

Da sich in diesem Staat sowohl Las Vegas als auch ein Nukleartestgelände befinden, wird es im Verlauf der Reinigungsphase zu extremen Wetterverhältnissen kommen – es sei denn, die Menschen senden Licht dorthin, um das Alte aufzulösen.

New Hampshire

Aufgrund der globalen Veränderungen der Wetterverhältnisse werden die niedrig gelegenen Gebiete von New Hampshire grüner und feuchter werden. Da ein Teil des Eises in den Bergen schmelzen wird, kommt es zu leichten Veränderungen der Wetterverhältnisse und der Ökologie. Diese subtilen Veränderungen werden das Energieniveau der gesamten Region anheben. Die Bäume in New Hampshire sind sehr alt und weise; sie sind es, die die hohe Schwingungsfrequenz des Staates aufrechterhalten. Viele Elementarwesen benutzen New Hampshire als Eintrittspunkt nach Nordamerika. Sie bringen Licht und eine freudvolle, reinigende und läuternde Energie mit sich, die von allen gespürt werden kann, die hier durchkommen. New Hampshire wird ein Ort sein, an dem man glücklich leben kann.

New Jersey

Dies ist ein sehr reiner Staat ohne Karma. Die Energie dort ist überwiegend sehr leicht. Die Menschen fühlen sich von der Reinheit dieser Region angezogen, wenn sie sich über etwas klar werden oder sich entspannen wollen. In New Jersey leben viele Elementarwesen, besonders Esaks, deren Aufgabe die Reinigung ist. Die natürliche Umgebung bringt der ganzen Region Freude und positive Energie und deshalb wird die Übergangsphase hier auch problemlos verlaufen.

New Mexico

New Mexiko bewahrt ein großes Wissen der amerikanischen Ureinwohner. Die gebirgigen Gebiete speichern gute reine Energie, und dort, wo Schnee liegt, ist das Land bereits gereinigt. Viele ältere Seelen fühlen sich von New Mexico angezogen. Sie haben die energetische Hinterlassenschaft der alten, hier geschlagenen Schlachten bereits geheilt, sodass der Übergang leichter sein wird. Blaues Licht beginnt aus dem Land zu strahlen. Es wird bei Heilung und Kommunikation während der Übergangsphase helfen.

New York

New York besteht aus einer Mischung aus Dunkelheit und Licht, Angst und freudiger Erregung, Hoffnung und Erwartung, Korruption und Gier. Die Ereignisse des 11. Septembers 2001 brachten viele Amerikaner dazu, ihr Bewusstsein zu erweitern und ihre Herzen voller Mitgefühl zu öffnen. Außerdem wurden sie dadurch gezwungen, besonders in Bezug auf die Situation in den ärmeren Ländern Fragen zu stellen.

In der Stadt selbst – wie in allen Großstädten der Welt – haben die Bewohner, besonders jene, die in Wolkenkratzern leben, die Verbindung zur Erde verloren. Es ist wichtig, dass die Menschen anfangen, den Kontakt zum Land wiederherzustellen und auf ihre innere Stimme zu hören. Wenn dies genug Menschen tun, würde es gewaltige Auswirkungen haben und dazu beitragen, dass das Licht in New York heller erstrahlt.

Da das Geld gegen Ende der Übergangsphase seine Bedeutung verloren haben wird, wird sich der Fokus der Wall Street in Übereinstimmung mit der fünfdimensionalen Energie verändern. Für Menschen, die in der dritten Dimension leben und für die ihr ganzes Selbstwertgefühl dadurch bestimmt wird, wie viel Geld sie haben, wird dies schwer zu ertragen sein. Aber bis zu diesem Zeitpunkt werden viele Menschen bereits ihre Schwingungsfrequenz angehoben haben und sich statt nach finanziellen Belohnungen nach etwas sehnen, das ihrer Seele Erfüllung bringt. 2032 wird New York City, wie wir es heute kennen, nicht mehr existieren.

Im Land selbst ist viel Karma gespeichert, das allerdings bereits teilweise durch Regen und Schnee aufgelöst wurde. Aber es muss noch viel mehr aufgelöst werden. Kurz nachdem der Stamm des Hohepriesters Imhotep aus Atlantis hier ankam, wurde von den amerikanischen Ureinwohnern uraltes Wissen im Land verborgen. Dieses wird 2012 wieder zum Vorschein kommen, und die Menschen, die es spüren, werden wieder in engerem Kontakt mit der Erde leben und die Natur ehren wollen.

Viele Einwohner New Yorks konzentrieren sich einzig auf ihre Arbeit und haben keinerlei Verbindung zur Region oder zum Land. Nach 2012 werden sich ihre Herzen öffnen, und sie werden entweder nach Hause zurückkehren oder beginnen, das Land hier zu lieben.

North Carolina

Diese Region braucht eine Reinigung und wird höchstwahrscheinlich von Überschwemmungen betroffen sein. Aber die hier lebenden Menschen sind für einen solchen Fall gut gerüstet, und zwar spirituell wie praktisch. Viele von ihnen haben eine tief verwurzelte positive Grundeinstellung, die es ihnen ermöglichen wird, zu lehren, zu lernen, sich anzupassen und das Licht zu verbreiten.

2012 werden hier viele sehr glückliche, fünfdimensionale Menschen leben, die sich an dem erfreuen können, was ihnen das Leben bietet, statt materiellen Dingen hinterherzujagen. Diejenigen, die materialistisch gesinnt bleiben, werden geheilt und es wird ihnen geholfen. Die Engel werden sich ebenso wie die Elementarwesen sehr stark in dieser Region engagieren und den

Menschen persönlich zur Seite stehen. Aufgrund dieser Erlebnisse wird es ihren Schützlingen möglich, sich weiterzuentwickeln.

North Dakota

Dieser Staat wird sehr stark durch das kosmische Portal von Hohlerde beeinflusst, durch das das Licht der zwölf Strahlen, des Göttlich-Weiblichen und des Christus einströmt. Die Energie der Liebe und Wahrheit aus diesem Portal wird überallhin fließen, das Alte auflösen und den Menschen helfen, ihre Bestimmung zu erfüllen.

Viele, die hier in der Vergangenheit lebten, haben ihre Lektionen gelernt und sich nun in anderen Teilen der Welt inkarniert. In Zukunft werden sie ihre Kenntnisse – besonders im Bereich des positiven Umgangs mit der Natur – einsetzen, um dieser Region zu helfen. Viele Menschen schicken bereits ihre Segenswünsche in diese Region, auf die große Herausforderungen und gewaltige Veränderungen zukommen. Schlussendlich wird North Dakota aber sein Licht über den Planeten erstrahlen lassen.

Ohio

Ohio wird von den Engeln als »kleiner Stern« bezeichnet. Denn im Boden befinden sich spezielle Kristalle, die mit der Energie des goldenen Zeitalters von Atlantis und den höheren geistigen Welten in Verbindung stehen. Diese Kristalle ziehen die positive Energie an und strahlen sie über die ganze Welt aus, wenn Hilfe gebraucht wird. Sie sind bereits aktiv und werden für eine größere Reinigungsaktion verantwortlich sein, die zirka 2012 stattfinden wird. Dadurch wird das Bewusstseinsniveau der hier lebenden Menschen angehoben und die Schwingungsfrequenz der Erde erhöht. Dann werden sich alle Menschen der Erleuchtung öffnen, sodass sie darauf vorbereitet sind, in eine höhere Dimension einzutreten.

Menschen, die sich bisher geschützt haben, indem sie ihre Gefühle zurückgehalten haben, werden dazu nicht mehr in der Lage sein. Sie werden sich öffnen und mit anderen Menschen Kontakt aufnehmen. Das wird ein dramatischer Schritt in der Evolution der Menschheit sein, der sich um 2014 herum ereignen wird.

Oklahoma

Aufgrund der Vertreibung der Indianer sind Angst, Zorn und Trauer im Land gespeichert, die dringend geheilt werden müssen. Das religiöse Dogma, das hier gegenwärtig gepredigt und gelebt wird, wird sich unter dem Einfluss des immer stärker werdenden Göttlich-Weiblichen in ein höheres Bewusstsein verwandeln.

Und doch ist dies der Staat der Liebe, des Mitgefühls und des Verständnisses. Weise Wesen sind vor sehr langer Zeit hierhergereist und haben ihr Wissen um die Liebe mit allen geteilt. Dieses Wissen wird bis 2012 wieder zum Vorschein kommen. Außerdem wird Oklahoma direkt von der Öffnung des kosmischen Portals von Hohlerde betroffen sein, wodurch sowohl das Licht des göttlichen Quells als auch das Christus-Licht einströmen werden. Dadurch werden die Herzen und die Gedanken der Bewohner Oklahomas tief berührt, sodass es ihnen möglich wird, sich mit dem auseinanderzusetzen, was ihr Herz beschäftigt. Den Menschen wird ermöglicht, sich an ihre früheren Leben und damit an das alte Wissen und die Weisheit ihrer Seele zu erinnern.

Das kosmische Portal von Sedona wird diese Region ebenfalls beeinflussen und eine tiefe Liebe und Respekt für das Land erzeugen. Es wird im Verlauf der nächsten 20 Jahre zu Veränderungen der Erdoberfläche und zu spirituellen Veränderungen kommen. Obwohl viele Menschen in die Berge ziehen werden, wird Oklahoma bis 2035 eine sehr hochfrequente Region sein, in der es sich gut leben lässt.

Oregon

Dieser Staat befindet sich unter dem Einfluss Erzengel Michaels und des kosmischen Portals im kanadischen Banff, das dabei ist, sich zu öffnen. Auch Erzengel Gabriel, dessen Refugium sich auf dem Mount Shasta in der Kaskadenkette befindet, übt einen gewissen Einfluss aus.

Viele hoch entwickelte Menschen haben sich in den Bergen versammelt und halten dort das hohe Energieniveau aufrecht. Deshalb wird Oregon auch sanft in die fünfte Dimension gleiten und aufsteigen. Später werden viele Menschen aus den tiefer gelegenen Gebieten hierherströmen und in das höhere Licht aufgenommen werden.

Pennsylvania

In Pennsylvania gibt es zwei Energien, die sich stark auf die Übergangsphase auswirken werden. Die meisten der ständigen Einwohner tragen die blaue Energie der Plejaden in sich. Diese wird schon bald erwachen und ihre Sichtweise des Lebens und der Welt verändern. Sie wird sie entspannter machen und es ihnen ermöglichen, zu lehren, zu heilen und in einer höheren Dimension zu leben.

Manche Einwohner hingegen tragen eine andere, orange-rosafarbene Energie von Nigellay, dem höheren Aspekt des Mars, in sich: die des friedvollen Kriegers. Diese Energie ist sehr feurig und kann sie sehr stark machen. Sie hilft ihnen, an ihren Überzeugungen festzuhalten und sich durch nichts in Versuchung bringen zu lassen. Diese Menschen werden etwas sanftmütiger werden, je näher 2012 kommt. Die Dogmatik ihres Glaubens hat sie bisher in ihrer Entwicklung zurückgehalten, aber nach 2012 wird ihre wahre Seelenenergie zum Vorschein kommen und strahlen.

Dann werden sich die Menschen beider Farbgruppen vermischen und die neuen Familien werden ein noch größeres Licht in sich tragen. Um 2034 werden sie vollständig erleuchtet sein.

Pennsylvania wird dann ein ganz besonderer Ort des Friedens und der Freude sein.

Rhode Island

Die Energie Rhode Islands wird sich nach 2012 beträchtlich erhöhen und sich zum Beispiel als Interesse an aktiven, leidenschaftlichen Hobbys wie dem Salsatanzen ausdrücken. Dies wird der Region eine neue Lebendigkeit bescheren und die Erde selbst wird pulsieren. Diese Schwingung wird sich über Tausende von Kilometern hinweg in alle Richtungen ausbreiten und alle Menschen und Tiere, die sie berührt, lebendiger machen. Rhode Island wird dann eine charismatische, lebendige und aufregende Gegend sein.

South Carolina

Wie North Carolina muss auch diese Region gereinigt werden und wird daher höchstwahrscheinlich überschwemmt werden. Die Einwohner South Carolinas sind zäh und stark. Diese Erfahrungen werden ihre Herzen öffnen, ihnen bei der Auflösung ihres vergangenen Karmas helfen und sie toleranter und liebevoller machen.

South Dakota

Wie North Dakota steht auch South Dakota unter dem Einfluss des kosmischen Portals von Hohlerde, durch das das Licht der zwölf Strahlen, des Göttlich-Weiblichen und des Christus strömt. Die Energien der Liebe und Wahrheit werden aus diesem Portal überallhin fließen, das Alte auflösen und den Menschen helfen, ihre Bestimmung zu erfüllen.

Viele Menschen werden sich von South Dakota angezogen fühlen, da die Energie hier sehr freundlich ist. Die Region wird schließlich zu einer goldenen werden, aber nicht zu einer goldenen Stadt. Wenn sich das Portal 2012 öffnet, werden Seraphim mit ihrer außerordentlich hohen Schwingungsfrequenz die Herz-Chakras der Menschen berühren. Dies wird auch physische Auswirkungen haben.

Menschen, die sich mit South Dakota verbinden können, werden erleuchtet und glücklich. Ihre Führer werden ihnen helfen, tiefe Liebe und Verbundenheit zu ihren Angehörigen zu verspüren. Es wird Herausforderungen geben und auch Erdbewegungen, aber letztlich wird diese Region ihr Licht über die Welt erstrahlen lassen.

Tennessee

Wie alle Südstaaten hat auch Tennessee noch Karma aus der Zeit der Sklaverei gespeichert, obwohl gewisse Gebiete einen Großteil dieser Energie durch konsequent richtige Handlungen aufgelöst haben. Memphis war ein Zentrum des Sklavenhandels, und die alten Gefühle sind noch im Land vorhanden, allerdings hat die Musik in den letzten Jahren eine wichtige Rolle bei der Auflösung gespielt.

Eine smaragdfarbene und dunkelblaue Energie schläft in dem Land und wartet nur darauf, 2012 zu erwachen. Die Erzengel Raphael und Michael werden mit dieser Energie arbeiten, um den hier lebenden Menschen Heilung, Wohlstand und Kraft zu bringen.

Es mag zu einer Reinigung durch Luft und Wasser kommen. Allerdings wird erwartet, dass die Bürger aufgrund ihrer Verbindung zu den Erzengeln ihr Denken ändern und ihre Herzen für eine höhere Form der Spiritualität öffnen, sodass der Übergang reibungsloser als in anderen Südstaaten verlaufen kann.

Texas

Das Land speichert noch den Zorn und die Trauer vieler indigener Stämme, die gezwungen waren, hierher umzusiedeln. Die gesamte Baumwollindustrie beruhte auf Sklavenarbeit und die Angst, der Zorn und die Hoffnungslosigkeit der Sklaven sind ebenfalls im Land eingeschlossen. Die Ölbohrungen haben der Erde großen Schaden zugefügt, sodass sie vor Schmerz schreit. Es ist unerlässlich, dass dies alles geheilt wird. Zudem wirkt sich die Philosophie rücksichtsloser Gier ebenso negativ auf das Land aus wie die spirituell verbrämten Ansichten über Waffengebrauch und die religiösen Dogmen. All das wartet nur darauf, gereinigt zu werden. Texas wird beträchtliche Erschütterungen durchmachen müssen, bevor es ins Licht aufsteigen kann.

Utah

Utah ist eine wunderschöne Region, deren Einwohner in vielerlei Hinsicht mutig und großzügig sind. Wo das Land unter Schnee lag, ist es bereits geläutert. Verschiedene Tierarten werden aufgrund der veränderten Wetter- und Bodenverhältnisse hierherflüchten. Wenn die Menschen erkennen, wie wichtig Tiere, Vögel und die Erde selbst sind, werden sich ihre Einstellungen ändern und die Schwingungsfrequenz der ganzen Region wird sich erhöhen.

Vermont

Die Engel bezeichnen diesen Staat aufgrund der Reinheit und Unschuld, die im Land selbst gespeichert ist, als »Staat der Kinder«. Diese Energie sickert auch in die hier lebenden Menschen ein, sodass sich in Vermont alles auf einem höheren Niveau befindet. Nach 2012 können sich die Menschen auf die Energie von Vermont einstimmen, um das Einheitsbewusstsein zu erlangen. Diese wunderschöne Region wird einen leichten Übergang haben.

Virginia

Virginia beherbergt viele Studenten und andere Menschen, die etwas lernen wollen. Sie alle werden durch den Geist inspiriert werden, sodass es ihnen möglich wird, ihre verborgenen Talente zu entdecken und ihre Persönlichkeiten zu entwickeln. Sie werden ihr Wissen so zur Anwendung bringen, dass alle davon profitieren.

Die Wetterverhältnisse mögen sehr wechselhaft werden, aber die Region wird durch Engel beschützt. Die Einwohner Virginias zeichnen sich durch Mut und andere höhere Eigenschaften aus. Aus diesem Grund werden sie auch das Beste aus jeder Situation machen, in der sie sich befinden mögen. Das Leben vieler Menschen wird sich plötzlich ändern – meistens zum Besseren.

Washington

Die Berge Washingtons, das im Nordwesten der Vereinigten Staaten liegt, sind hell und fast völlig frei von Karma, da die vielen indigenen Stämme, die hier lebten, bevor die weißen Siedler kamen, die Erde wahrhaft verehrten. Seattle und die tiefer gelegenen Gebiete sind durch das Wasser, das um die Inseln fließt, rein geblieben, dennoch wird vieles davon überschwemmt werden. Alle Orte, an denen mangelnde Ethik in geschäftlichen Dingen vorherrscht, werden in den nächsten 20 Jahren verschwinden.

Der Staat Washington befindet sich unter dem direkten Einfluss des kosmischen Portals, das sich im kanadischen Banff öffnen wird und in dem Erzengel Michael die Energie aufrechterhalten hat. Das wird den Einwohnern Washingtons helfen, das Selbstvertrauen und die Courage zu haben, das zu tun, was im höchsten Interesse aller liegt.

West Virginia

Obwohl uns viele Energien und große bedingungslose Liebe umgeben, die uns helfen können, müssen wir schon unseren Teil dazu beitragen, die höheren Dimensionen zu erreichen. West Virginia hat spezielle Eigenschaften, die es den Menschen ermöglichen, das Licht in ihrem Leben zu verankern. Wenn sie sich darauf einstimmen, werden sie ihnen helfen, ihr Herz zu läutern, sodass sie es vollständig öffnen können. Dieses wunderschöne Land wird sanft in das neue Zeitalter hinübergleiten.

Wisconsin

Alles Karma, das hier gespeichert ist, wird aufgelöst werden. Die Engel arbeiten mit den Einwohnern Wisconsins daran, Schuld- und Schamgefühle aufzulösen, damit sie einen Neuanfang machen können. Die Menschen werden diese Gnade aber nur empfangen, wenn sie bereit sind, sie anzunehmen. Dann werden sie sich weiterentwickeln, eine höhere Schwingungsfrequenz annehmen und mit dem Land und den Tieren zusammenarbeiten. So wird Wisconsin zu einem liebevollen, von Licht erfüllten Ort, an dem es sich gut leben lässt.

Wyoming

Da dieser Staat westlich des kosmischen Portals von Hohlerde liegt, wird sich dessen Öffnung auch auf ihn auswirken. Zudem existiert ein heiliges Portal unter den Bergen Wyomings. Dieses wurde von Wesen vom Orion, dem Planeten der Weisheit und Erleuchtung, erbaut, die hierherreisten, um diese Region zukunftsfähig zu machen. Das Portal wird schwere Energien aufnehmen und sie transformieren. Wenn sie in ein sanftes Licht umgewandelt worden sind, werden sie wieder über dem Land verteilt. Diese weiche weibliche Kraft kann dann auf alle Gewässer und die in ihnen lebenden Geschöpfe gerichtet werden. Wenn Schnee und Eis schmelzen, wird das gesegnete Wasser in die Flüsse und Meere strömen. Es verändert die Einstellungen der Menschen gegenüber den Tieren und dem Land und hilft während des Übergangs.

Yellowstone ist ein riesiges Portal, durch das die Liebe zur Natur einströmt. Der gleichnamige Supervulkan wird während der Übergangsphase vermutlich nicht ausbrechen.

20 DIE KARIBIK

Barbados und St. Kitts

Die Bewohner dieser Inseln sind sehr lebenslustig und verzeihen schnell. Das Karma, das aufgrund der Sklaverei im Land gespeichert ist, wird durch das Licht der Menschen aufgelöst werden – besonders durch Trommeln und Musik. Die Menschen sehnen sich nach mehr Entscheidungsbefugnis und besserer Ausbildung. Manche von ihnen werden kriminell, weil sie wertgeschätzt werden möchten. Damit sich die Situation bessern kann, muss die Welt Licht hierherschicken, sodass die Menschen befähigt werden, selbst Arbeitsplätze zu schaffen und sich ein Leben in Frieden und Wohlstand aufzubauen. Dies wird günstig beeinflusst durch die Tatsache, dass sich die Inseln auf einer wichtigen Leylinie befinden, durch die die Energie des Friedens und des Wohlstands strömt.

Außerdem wird das Trinkwasser auf Barbados durch Korallen gefiltert, wodurch es mit fünfdimensionaler Energie angereichert wird.

Jamaika

Schon mehrmals wurde ich gefragt, was der Gewalt auf dieser wunderschönen, aber bitterarmen Insel zugrunde liegt. Jamaika war ursprünglich von den sanftmütigen, warmherzigen Arawak-Indianern besiedelt worden, die aber von den spanischen Eroberern versklavt wurden und innerhalb von 50 Jahren aufgrund der schlechten Behandlung und ihrer gebrochenen Herzen ausstarben. Die Spanier ersetzten sie durch afrikanische Sklaven, die ebenfalls sehr brutal behandelt wurden. Gefühle wie Angst,

Herzeleid und Verlust sind ebenso wie die Kämpfe, die im Laufe der Jahrhunderte hier ausgetragen wurden, im Land eingeschlossen. Ein Großteil davon wurde im 17. Jahrhundert durch Erdbeben, Überschwemmungen und Feuersbrünste umgewandelt, aber beileibe nicht alles.

Jamaika liegt genau zwischen den sich öffnenden Portalen von Honduras und dem Bermudadreieck und wird von beiden Energien beeinflusst. Das hat dazu geführt, dass eine »Entgiftung« stattfindet, bei der die ganze alte Wut hochkommt, um aufgelöst zu werden. Das ist die wahre Ursache aller Gewalttätigkeit in Jamaika.

Außerdem fängt das kosmische Herz-Zentrum des Planeten in Guatemala an zu erstrahlen, was sich wiederum auf die Jamaikaner auswirkt. 2022 wird diese Insel eine wunderschöne rosafarbene Aura ausstrahlen und für viele Menschen ein Zufluchtsort sein.

Kuba

Als diese Insel vor ihrer größten Herausforderung stand, wurde die Energie polarisiert. Die Energie Havannas ist sehr dunkel, während die auf dem Land sehr hell ist. Die dunklen Gebiete werden durch einen Wirbelsturm gereinigt werden.

Trinidad

Trinidad hat noch aus den Zeiten der Sklaverei Karma und ein gewisses Maß an Zorn gespeichert. Die Menschen haben auf der Seelenebene ihren Weg verloren. Sie fühlen sich machtlos und aufgrund des weitverbreiteten Drogenmissbrauchs und der Hoffnungslosigkeit gibt es eine große Kriminalität. Die Insel braucht eine Reinigung. Ein Teil davon wird durch die Musik, die sie so gerne machen, vollbracht werden. Dennoch wird die Insel noch durch Wasser und Wirbelstürme gereinigt werden müssen, es sei denn, genug Menschen schicken Licht dorthin.

TEIL III

Vorbereitung auf den großen Übergang

Wie Sie sich auf den Übergang ins Goldene Zeitalter vorbereiten können

1. Läuterung

Wenn Sie mürrisch, besorgt und reizbar sind, sich leicht über andere Menschen aufregen oder sich durch andere schnell aus der Fassung bringen lassen, wenn Sie sich ärgern, weil Sie nicht bekommen, was Ihnen angeblich zusteht, oder wenn Sie das Gefühl haben, das Leben sei einfach ungerecht, müssen Sie sich läutern, bevor Sie Ihr Energieniveau anheben können. Hier sind einige Vorschläge dazu.

Natur

Gehen Sie hinaus in die Natur. Gehen Sie im Wald oder entlang eines Gewässers spazieren; gehen Sie barfuß im Gras. Bitten Sie die Natur, Ihre niederen Energien umzuwandeln.

Umarmen Sie einen Baum. Stellen Sie sich vor, dass aus Ihren Füßen Wurzeln wachsen, die sich mit den Wurzeln des Baumes vereinigen. Stellen Sie sich weiter vor, dass alle Ihre unharmonischen Energien durch diese Wurzeln aus Ihnen herausgesaugt werden.

Die gold- und silber-violette Flamme der Umwandlung

Diese Flamme ist eine der machtvollsten Energien der Umwandlung. Da Sie durch sie geöffnet werden, sollten Sie einen Schutz um sich herum errichten, bevor Sie sie anrufen. Dann kann sie Ihre Aura und Ihre Zellen reinigen. Sie können die Flamme auch zu anderen Wesen senden, um ihnen zu helfen.

1. Visualisieren Sie zunächst Erzengel Michaels dunkelblauen Schutzmantel um sich herum. Als Alternative können Sie

auch jeden anderen Schutz visualisieren, dem Sie vertrauen.

2. Sagen Sie still oder laut: »Ich rufe die gold- und silber-
violette Flamme herbei.«
3. Spüren Sie, wie Sie von ihr eingehüllt werden.
4. Atmen Sie die Flamme in Ihre Aura und Ihre Zellen hinein.
5. Bedanken Sie sich bei der Flamme.

Orbs von Erzengel Zadkiel

Sie können den Namen oder das Foto einer Person – natürlich
auch Ihr eigenes – oder eines Ortes, die der Reinigung bedür-
fen, auf das Foto eines Orbs von Erzengel Zadkiel stellen. Das
violette Licht des Erzengels wird dann automatisch zur bezeich-
neten Person oder zum genannten Ort hinströmen und die blockierte Energie umwandeln. Ein Foto von Erzengel Zadkiels Orb
ist in den *Diana Cooper Orbs Phenomenon Cards*[5] enthalten.

2. Angst auflösen

Angst ist eine Energie mit sehr niedriger Schwingung, die bis zu
einem gewissen Maß in uns allen steckt – bewusst oder unbewusst. Das verhindert, dass wir Zugang zu unserer wahren Weisheit finden können. Zudem nimmt man sehr leicht die Ängste
anderer Menschen oder von Orten auf, wenn die eigene Aura
nicht besonders stark ist. Da Erzengel Uriel Angst durch sein
wunderschönes goldenes Licht umwandelt, können wir ihn um
Hilfe anrufen und ihn bitten, diese Energien aufzulösen.

☉ Visualisierungsübung, um Ihre eigene Angst aufzulösen

1. Entspannen Sie sich und rufen Sie Erzengel Uriel an.
2. Bitten Sie ihn leise oder laut, eine Kugel goldener Energie in
Ihrem Solarplexus zu platzieren.

---

[5] Deutsch: *Orbs-Karten*. Ansata Verlag, München 2009.

3. Bitten Sie ihn, Ihren Solarplexus mit Selbstvertrauen und Weisheit zu füllen.
4. Atmen Sie seine goldene Energie ein, bis Sie spüren, wie sich Ihr Solarplexus entspannt und ruhig wird.
5. Danken Sie Erzengel Uriel für seine Hilfe.

✺ Visualisierungsübung, um die Angst anderer Menschen oder von Orten aufzulösen

Um die Angst anderer Menschen oder die Angst, die an gewissen Orten gespeichert ist, aufzulösen, können Sie einen Ball mit der Energie von Erzengel Uriel formen und der anderen Person senden. Das ist eine wunderbare Übung, die auch sehr gut in einer Gruppe gemacht werden kann.

1. Halten Sie die Hände zirka 15 Zentimeter von Ihrem Solarplexus entfernt, als ob Sie einen Ball halten würden.
2. Rufen Sie Erzengel Uriel an, und bitten Sie ihn, daraus einen Ball des Friedens, der Weisheit und des Selbstvertrauens zu formen.
3. Konzentrieren Sie sich auf Frieden, Weisheit und Selbstvertrauen und summen Sie diese Eigenschaften in den imaginären Ball in Ihren Händen hinein.
4. Visualisieren Sie gleichzeitig, dass der Ball größer und goldener wird.
5. Wenn Sie fertig sind, legen Sie den Ball in den Solarplexus oder das Herz einer anderen Person oder stellen Sie sich das vor.
6. Bedanken Sie sich bei Erzengel Uriel.

3. Illusionen auflösen

Letzten Endes existiert nur Liebe. Wenn Sie jemanden oder etwas als schlecht, hässlich oder hassenswert wahrnehmen, sehen Sie durch die Augen der Illusion, was zu einer Verzerrung der Wirklichkeitswahrnehmung führt. Im Folgenden beschreibe ich einige Möglichkeiten, wie diese Illusionen aufgelöst werden können.

Segnen

In der fünften Dimension sehen, hören und sprechen Sie aus einer Perspektive der Liebe. Wenn jemand zum Beispiel grausam handelt, beobachten Sie sein Verhalten und segnen Sie ihn mit Güte. Gleichzeitig visualisieren Sie, dass er warmherzig handelt. Dadurch ziehen Sie diese Person ebenfalls in die höhere Dimension.

Feuerdrachen

Drachen sind vierdimensionale Elementarwesen, die ein offenes Herz haben und eine große Liebe gegenüber der Menschheit verspüren. Sie handeln immer im Interesse des höchsten Guten. Rufen Sie einen Feuerdrachen herbei und bitten Sie ihn, Ihre Illusionen zu verbrennen. Sie können Feuerdrachen aber auch zu anderen Menschen schicken, um deren Illusionen zu verbrennen.

4. Halten Sie Ihre Vision aufrecht

Wenn Sie sich selbst, einen Freund, ein Land oder ein Projekt im höchsten Licht sehen, können Wunder geschehen. Zeigen Sie Ihre Begeisterung, wenn Sie darüber reden, gebrauchen Sie nur positive Worte und wandeln Sie alle negativen Gedanken in der gold- und silber-violetten Flamme um.

Hier sind einige Möglichkeiten, wie Sie dies tun können:

- Stellen Sie sich Ihre Vision vor oder zeichnen Sie sie. »Dies oder etwas Besseres geschieht nun zum höchsten Wohle aller Beteiligten.« Dann lassen Sie sie los, damit die Engel tun können, was dafür notwendig ist.

- Stellen Sie sich die Vision vor oder zeichnen Sie sie und singen Sie dann *Om*. Das wird die Hilfe der Engel herbeibringen.

- Falls Ihre Vision dem Wohle anderer oder der ganzen Menschheit dient, werden die Einhörner Ihr Licht sehen und Sie mit ihrem reinen weißen Licht unterstützen. Es ist hilfreich, die Einhörner ganz bewusst um Hilfe anzurufen.

5. Spirituelle Übungen

Es ist sehr hilfreich, regelmäßig eine spirituelle Disziplin auszuüben, zum Beispiel morgens und abends. Hier sind einige Vorschläge, die Sie natürlich Ihren Bedürfnissen anpassen können.

✪ *Spirituelle Morgenpraxis – Weihen Sie Ihren Tag*

1. Richten Sie sich einen Altar ein, der so klein oder so groß sein kann, wie Sie es wünschen. Stellen Sie eine Kerze darauf und irgendetwas, das für Sie das Licht symbolisiert, zum Beispiel Blumen, Fotos oder Kristalle.

2. Setzen oder knien Sie sich davor.

3. Zünden Sie eine Kerze an und weihen Sie sie diesem Tag. Sie können auch drei Kerzen anzünden und jede etwas anderem weihen – zum Beispiel eine den Tieren, eine Ihrer Familie, eine der Heilung, dem Weltfrieden, der Hilfe für ein Land oder etwas Persönlichem wie Ihrer Arbeit oder sich selbst. Sprechen Sie ein Gebet, während Sie die Kerzen anzünden.

4. Rufen Sie Erzengel Michael an und bitten Sie ihn, Sie in seinen dunkelblauen Schutzmantel zu hüllen. Sie möchten vielleicht auch Erzengel Gabriel oder den goldenen Christus-Strahl anrufen, um sich von ihnen beschützen zu lassen. Sie können aber auch jeden anderen Schutz anrufen, der für Sie stimmig ist.

5. Dann können Sie Teile des Folgenden oder alles tun: Bitten Sie die gold- und silber-violette Flamme, Ihnen an diesem Tag einen Weg des Lichts zu bahnen.

- Sagen Sie Ihre Affirmation zehnmal auf.
- Schlagen Sie eine Klangschale an oder trommeln Sie.
- Singen Sie ein Mantra 108-mal. (Es gibt viele Bücher über und CDs mit ganz wunderbaren Mantras.)
- Halten Sie den Orb eines Erzengels in Händen und atmen Sie seine Energie ruhig ein.
- Schicken Sie Segenswünsche an Menschen und Orte. Segnen Sie sie mit dem, was sie brauchen.
- Senden Sie den Menschen oder der Welt Frieden und Heilung.
- Visualisieren Sie, wie der Planet erstrahlt, und segnen Sie ihn.

6. Sobald Sie bereit sind, bitten Sie Erzengel Sandalphon, Sie in seine Kugel zu hüllen, um Sie zu erden und in der fünften Dimension zu halten. Sie können dies auch für andere Menschen tun, wenn diese Sie darum gebeten haben. Ich bitte Erzengel Sandalphons Engel darum, sich an meiner Eingangspforte zu postieren und alle, die zu mir kommen, in eine fünfdimensionale Blase zu hüllen.
7. Zum Schluss bekräftigen Sie: »So sei es. Es ist vollbracht.« Lösen Sie sich dann geistig von allem, was Sie möglicherweise aufgenommen haben.

Falls Sie andere Übungen haben, die Sie machen möchten, fügen Sie sie einfach hinzu. Wenn Sie etwas vollkommen anderes tun möchten, so ist auch das absolut in Ordnung. Bitte tun Sie, was für Sie stimmig ist.

✶ Spirituelle Abendpraxis – Weihen Sie Ihre Nacht

Es ist wirklich gut, dies vor Ihrem Altar zu tun, aber ich muss zugeben, ich selbst zünde eine Kerze, die der ganzen Welt geweiht ist, neben meinem Bett an und setze mich auf mein Kissen.

Während des Schlafes verlässt Ihr Geist seine körperliche Hülle und reist in innere Welten. Häufig reist er zu Ihrem

Heimatplaneten, um dort spirituellen Trost und spirituelle Nahrung zu erhalten, aber Sie können auch in viele andere Welten reisen, um dort Anleitung und Hilfe zu bekommen oder Heilung und Weisheit zu geben oder zu empfangen. Bevor Sie Ihre Praxis beginnen, entscheiden Sie sich, wohin Ihr Geist reisen soll – zum Beispiel zu einem bestimmten Portal, ins Refugium eines Meisters oder Erzengels oder auf einen anderen Planeten, um dort zu dienen, zu lernen oder zu lehren, Weisheit zu teilen oder zu empfangen oder um geheilt zu werden. Wenn Sie von einer Katastrophe oder Tragödie gehört haben, können Sie anbieten, im Schlaf zu helfen.

1. Rufen Sie genau wie am Morgen Schutz herbei.
2. Rufen Sie Erzengel Sandalphon an und bitten Sie ihn, Sie und jeden, der Sie darum gebeten hat, mit einer fünfdimensionalen Blase zu umgeben. Die anderen Personen müssen bereit sein, diese Gnade zu empfangen, und um sie bitten. Bitten Sie seine Engel, sich an Ihrer Eingangstür zu postieren und alle Eintretenden in eine fünfdimensionale Blase zu hüllen.
3. Tun Sie dann einen Teil des Folgenden oder alles:

- Senden Sie Liebe und Heilung zu bestimmten Personen oder Orten.
- Schicken Sie die Engel des Friedens an die Orte, die ihre Hilfe benötigen.
- Benennen Sie den Ort, den Sie während des Schlafes aufsuchen möchten, und bitten Sie darum, dort das Höchste zu empfangen.
- Bitten Sie Ihren Drachen, der ein vierdimensionales Elementarwesen ist, Sie zu begleiten und alle niederen Energien wegzubrennen, die Ihre Reise beeinträchtigen könnten.
- Bitten Sie darum, geheilt zu werden und energetisiert zurückzukehren, um den nächsten Tag zu bewältigen.
- Bitten Sie die Einhörner, Ihre zwölfdimensionalen Chakras ins Gleichgewicht zu bringen.

- Bitten Sie die Engel, während des Schlafes über Ihnen zu singen.

Heben Sie Ihre Stimmung

Es ist nur zu leicht, in diesen Tagen, in denen alles so schnell geht, gestresst zu sein. Stress erzeugt aber niedere Gefühle und Energien. Alle Dinge, mit denen wir die Auseinandersetzung bisher vermieden haben – darunter die aus Jugend und Kindheit und aus früheren Leben –, müssen wir uns nun anschauen, da dies eine Zeit der emotionalen Klärung und Auflösung ist. Hier sind einige Möglichkeiten, wie man das Alte auflösen und wenn nötig die Stimmung heben kann.

In der Natur

Eines Morgens fühlte ich mich sehr bedrückt. Eine meiner Töchter hatte mir wegen ihrer Kindheit etwas vorgeworfen, und da ich es mir zu Herzen genommen hatte, machte ich mich selbst dafür fertig. Es wollte mir nicht mehr aus dem Kopf gehen und ich war wütend und aufgebracht. Ich beschloss, im nahe gelegenen Wald spazieren zu gehen und mir von den Bäumen helfen zu lassen. Es war ein sonniger, aber relativ kühler Tag. Während ich so vor mich her ging, sagte ich: »Natur, ich übergebe dir diese Gefühle.«

Beinahe augenblicklich wurde mir bewusst, dass sich eine Fee auf meine Schulter gesetzt hatte. Ich bat sie zu singen, konnte sie aber nicht hören, was für mich sehr frustrierend war, weil ich wusste, dass mein niedriges Energieniveau daran schuld war. Ich spürte, dass um mich herum viele Elementarwesen waren, darunter auch Gobolino, mein wunderbarer Kobold-Freund. Plötzlich sangen sie alle gemeinsam voller Liebe und Fürsorglichkeit meinen Namen – und dieses Mal konnte ich sie hören. Die Engel stimmten ein und dann fügte noch ein Einhorn sein Licht hinzu. Ich hatte das Gefühl, als ob der Himmel mich mit Wellen und Wellen der Liebe überschüttete, während sie sangen: »Diana ... Diana ... Diana ...« Immer und immer wieder.

Als sie aufhörten, war es einen Moment lang ganz still. Dann wurde mir eine Botschaft zugerufen. »Vergib der Person, die du damals warst, und freue dich über die Person, die du jetzt bist.«

Noch Stunden später konnte ich die Wärme in meinem Herzen spüren und die alten blockierten Gefühle hatten mich vollständig verlassen. Als ich mich später zu erinnern versuchte, was mich eigentlich so verärgert hatte, wollte es mir partout nicht mehr einfallen.

Eine der besten Möglichkeiten, das Alte loszulassen und die Stimmung zu heben, besteht darin, in einen Kiefernwald oder ans Meer zu gehen und der Natur die niederen Gefühle zu übergeben. Wenn Sie wirklich loslassen, wird die Natur Sie in der fünften Dimension halten.

Die Elemente

Wasser, Luft, Feuer und Erde ermöglichen eine tief gehende Reinigung und verbinden uns mit den höheren Energien, die uns in frohe Harmonie mit dem Leben bringen. Alle Elemente besitzen kosmische Eigenschaften. Wenn Sie das verstehen und diese in Ihre Zellen einatmen, können Sie alles, was Ihnen widerfährt, vollständig umwandeln. Da wir zurzeit nicht besonders geübt darin sind, mit Wasser, Luft, Feuer und Erde zu arbeiten, erkennen wir auch nicht ihre Macht. Wenn aber die Reinigungsphase auf dem Planeten beginnt, müssen wir sie verstehen, damit wir ihre Gaben nutzen können.

Denken Sie daran: Je höher Ihre Schwingungsfrequenz ist, desto weniger können Sie von den Elementen beeinflusst werden. Wenn daher zum Beispiel ein Sturm vorhergesagt wird, sollten Sie Ihre Schwingungsfrequenz erhöhen.

Eines Abends tobte ein Sturm und die Dame Gaia kam durch, um darüber zu sprechen. Sie sagte, die Zerstörungen durch die Tornados, die sich vor Kurzem in den Vereinigten Staaten ereignet hatten, wären weitaus geringer ausgefallen, wenn die Menschen Kontakt zu den Elementarwesen der Luft, den Sylphen, und zu ihrem Elementarmeister, der Dom heißt, aufgenommen hätten.

Da die Einhörner für das Element Luft verantwortlich sind, können wir auch mit ihnen Kontakt aufnehmen, ihnen sagen, was die Luft tun soll, und sie bitten, ihr Wirken zu beaufsichtigen. Hätten genügend Menschen die Sylphen einfach stumm darum gebeten, die Reinigung milde ablaufen zu lassen sowie Erleuchtung und die Fähigkeit zu bringen, alles von einer höheren Warte aus zu betrachten, hätte es keine Zerstörungen in den Vereinigten Staaten gegeben und die Menschen wären auf dem Weg des Aufstiegs einen Schritt vorangekommen.

Wir müssen uns darüber klar werden, was wir eigentlich wollen. Wenn zum Beispiel unsere Kinder durch das gegenwärtige Schulsystem entmutigt sind, bitten Sie die Einhörner und Dom darum, eine sanfte Brise wehen zu lassen, die ihnen Begeisterung bringt. Bitten Sie gleichzeitig darum, dass diese Brise auch um das Bildungsministerium herum wehen möge, um den Politikern Inspiration und Weisheit zu bringen.

Wir können das Element Luft nutzen, um den Gesang der Engel über die ganze Welt zu verbreiten.

Um Menschen zu helfen, die unter Asthma leiden, können wir Gebete an die Einhörner und den Elementarmeister Dom senden und sie bitten, die Luft zu reinigen. Dann können wir die Sylphen bitten, diese gereinigte Luft überallhin zu verbreiten.

Engel und andere siebendimensionale Wesen sind die Essenz der energetischen Schwingung der Luft. Sie wollen immer nur das Beste für alle. Wenn Sie Angst vor einem Sturm haben, bedeutet das, dass Sie diese siebendimensionalen Wesen nicht annehmen. Wenn Sie während einer Brise spazieren gehen, können Sie spüren, wie Ihr Gehirn durchlüftet wird. Aber der Nutzen geht weit darüber hinaus, da Sie auch die Gelegenheit erhalten, mit den kosmischen Kräften zu arbeiten.

Wenn wir niedrige Frequenzen aussenden, erzeugen wir einen Stau im energetischen Fluss. So können wir beispielsweise eine Leylinie blockieren. Wenn sich die Energiefrequenz des Planeten erhöht, wird die Blockade beseitigt, was zum Beispiel zu einem Erdbeben wie in Haiti führen kann. Wenn wir aber siebendimensionales Licht oder Engel zu einer Blockade schicken, wird sie behutsam aufgelöst. Auf diese Weise haben wir die Möglichkeit, großen Schaden abzuwenden.

• Wenn wir Dinge aufhalten, weil wir uns Sorgen machen, halten wir das Potenzial der Luft zurück. Wenn wir aber die Frequenz erhöhen, werden wir auf allen Ebenen frei. Die Schwerkraft gehört zu den niederen Frequenzen, und wenn wir aufsteigen, erheben wir uns über die Schwerkraft in den Weltraum hinaus. Die Gaben, die viele Menschen während des Goldenen Zeitalters von Atlantis besaßen, sind fünf- bis siebendimensionale Aspekte der Luft – zum Beispiel Telepathie oder Levitation. Wenn wir mit den Sylphen, den Einhörnern und Dom arbeiten, bringen wir diese Fähigkeiten zurück, da wir uns mit der Weisheit der Luft harmonisieren. Wir können die Luft bitten, den Geist der Menschen zu heilen, damit sie auf einer höheren Frequenz miteinander kommunizieren können und wieder telepathische Fähigkeiten erlangen.

• Wenn Sie das Alte loslassen und Ihre Gemütslage verbessern möchten, sollten Sie baden, duschen, schwimmen oder am Wasser spazieren gehen. Segnen Sie das Wasser. Bitten Sie es dann, das Alte von Ihnen abzuwaschen und es durch höhere Eigenschaften zu ersetzen.

• Die Erde liebt Sie. Während Sie auf dem Planeten wandeln, hält die Erde Sie in ihrer fürsorglichen und zärtlichen Umarmung. Wenn Sie barfuß gehen, stellen Sie eine Verbindung her, die es der Erde ermöglicht, Ihre alten Gefühle aufzunehmen und Sie mit Freude zu erfüllen. Die Erde hilft Ihnen, geerdet, fürsorglich und fähig zu sein und das uralte Wissen in Ihnen hervorkommen zu lassen.

• Feuer wandelt das Alte sehr effektiv um. Schreiben Sie Ihre alten Gefühle auf und verbrennen Sie den Zettel. Atmen Sie anschließend die höheren Eigenschaften des Feuers wie Begeisterung, Inspiration, Vitalität und ein positives Selbstwertgefühl ein. Wenn Sie einen Brief an jemanden schreiben und diesen anschließend verbrennen, hat das aufgrund der kosmischen Eigenschaften und der Weisheit des Feuers große energetische Auswirkungen.

Gesänge und Sprechgesänge

Wenn wir singen oder Mantras aufsagen, atmen wir tiefer. Folglich nehmen wir mehr von der Energie Gottes auf. Gemeinsame Gesänge und Sprechgesänge helfen uns zudem, mit Menschen und Situationen Harmonie und Übereinstimmung zu erlangen.

Kinderlachen

Ein Klang, der einen der Schlüssel des Universums darstellt, mit dem wir das Portal der Hohlerde öffnen können, ist der des unschuldigen Lachens – etwa das Lachen eines Babys. Dies ist eine Schwingung reiner Lebensfreude. Wenn ich ein Kind lachen höre, muss auch ich lächeln und bin glücklich.

Wie die Schwingungsfrequenz der Religion auf die der Spiritualität angehoben wird

Ein Dogma ist gleichbedeutend mit Angst. Spiritualität aber ist Liebe. Terroristische Akte, die im Namen der Religion ausgeübt werden, oder das Gerede von der Angst vor Gott entspringen der kollektiven Angst jener Menschen, die Angst benutzen, um andere zu kontrollieren. Das kann nicht mehr akzeptiert werden und muss geheilt werden, bevor das neue Goldene Zeitalter beginnen kann. Sie können auf die folgende Art und Weise etwas zu dieser Heilung beitragen.

- Schreiben Sie den Namen der Religion oder die begangene Tat auf und legen Sie das Blatt auf ein Foto mit Orbs der Erzengel Uriel, Butyalil, Gabriel, Michael oder Metatron, eines Einhorns oder der Mutter Maria.

- Rufen Sie diese mächtigen Wesen an und bitten Sie sie, die Dogmatik der Religionen umzuwandeln und die Energie in Liebe und Inspiration zu verwandeln.

✳ Visualisierungsübung, um Dogmatik in Spiritualität umzuwandeln

Überlegen Sie sich zunächst, ob Sie diese Energie einer bestimmten Religion oder allen Religionen schicken wollen.

1. Suchen Sie sich einen ruhigen Ort, an dem Sie ungestört sind.
2. Zünden Sie – wenn möglich – eine Kerze an.
3. Schließen Sie die Augen und entspannen Sie sich einen Augenblick.
4. Bitten Sie Erzengel Michael, Sie in seinen dunkelblauen Schutzmantel zu hüllen.
5. Rufen Sie das Christus-Licht an, und bitten Sie darum, von seiner Liebe, Heilkraft, Weisheit und seinem Schutz umgeben zu sein.
6. Rufen Sie den goldenen Erzengel Uriel herbei. Spüren Sie seine Gegenwart.
7. Rufen Sie das reine weiße Licht des universellen Engels Butyalil herbei. Spüren Sie seine Gegenwart.
8. Rufen Sie das reine weiße Licht von Erzengel Gabriel herbei. Spüren Sie seine Gegenwart.
9. Rufen Sie das dunkelblaue Licht von Erzengel Michael herbei. Spüren Sie seine Gegenwart.
10. Rufen Sie das orangefarbene Licht von Erzengel Metatron herbei. Spüren Sie seine Gegenwart.
11. Rufen Sie ein schneeweißes Einhorn herbei. Spüren Sie seine Gegenwart.
12. Rufen Sie das aquamarinfarbene Licht der universellen Engelin Mutter Maria herbei. Spüren Sie ihre Gegenwart.
13. Stellen Sie sich ein riesiges Buch vor, in dem all die von Menschen gemachten Gesetze der Religionen aufge-

schrieben sind. Visualisieren Sie, wie all die mächtigen Engel ihre Liebe, ihr Licht, ihre Weisheit und ihr Mitgefühl in das Buch fließen lassen, bis sich dieses schließlich auflöst und in eine riesige rosa-weiße Rose verwandelt, die reine Liebe ausstrahlt.

14. Stellen Sie sich vor, dass die Engel über alle religiösen Bauwerke fliegen und die Rose der höheren Spiritualität in die Auras dieser Gebäude einfügen.
15. Stellen Sie sich vor, wie sich Herz und Geist aller religiösen Dogmatiker überall auf der Welt öffnen und golden erstrahlen.
16. Öffnen Sie sich selbst, um gesegnet zu werden.
17. Bedanken Sie sich bei den universellen Engeln und öffnen Sie die Augen.

Wie man den Planeten heilt

Wie man das Karma eines Landes auflöst

Ein Merkmal einer fünfdimensionalen Person ist es, dass sie nicht nur sich selbst, sondern auch anderen, nicht nur ihrem eigenen Land, sondern auch anderen Ländern helfen will, da sie erkannt hat, dass wir alle Teile des Ganzen sind.

- Zünden Sie eine Kerze an, und bitten Sie die Engel, alte Energien in dem betreffenden Land zu heilen und umzuwandeln.
- Schicken Sie in Ihrer Vorstellung die gold- und silber-violette Flamme, umgeben von einer Kugel goldenen Christus-Lichts mit einem sechszackigen Stern in der Mitte, zu dem betreffenden Land oder zeichnen Sie dieses Symbol und legen Sie es auf eine Landkarte. Dies ist ein sehr wirkungsvolles Symbol der Umwandlung aus Atlantis, das altes Karma auflöst.
- Visualisieren Sie nun, dass Licht durch die Leylinien in das betreffende Land strömt.

- Rufen Sie den mächtigen universellen Engel Butyalil an, der für die kosmischen Ströme verantwortlich ist, und bitten Sie ihn, über dem betreffenden Land zu singen.

⚙ Wie man positive Energie an einen Ort oder in ein Land sendet

- Visualisieren Sie, dass die Menschen dort von Blasen der Liebe berührt werden.
- Bitten Sie die Engel des Friedens und der Liebe, über dem betreffenden Ort oder dem Land zu singen.
- Segnen Sie die Führer des Landes und seine Bewohner. Senden Sie ihnen Freude, Frieden, Integrität, Wohlstand, Weisheit und alle anderen Eigenschaften, die sie brauchen können.
- Zünden Sie eine Kerze an, und senden Sie die höheren Eigenschaften des Feuerelements zu den Menschen, um sie zu inspirieren und zu erheben.
- Bitten Sie ein Einhorn, die höheren Eigenschaften der Luft wie Erleuchtung und Aufstieg in das Land oder an den Ort zu bringen.

⚙ Visualisierungsübung, um den Planeten zu heilen

1. Suchen Sie sich einen ruhigen Ort, an dem Sie ungestört sind.
2. Zünden Sie – sofern möglich – eine Kerze an.
3. Schließen Sie die Augen und entspannen Sie sich einen Augenblick.
4. Bitten Sie Erzengel Michael, Sie in seinen dunkelblauen Schutzmantel zu hüllen.
5. Rufen Sie das Christus-Licht an, und bitten Sie darum, von seiner Liebe, Heilkraft, Weisheit und seinem Schutz umgeben zu sein.
6. Rufen Sie ein schneeweißes Einhorn herbei. Spüren Sie seine Liebe und sein wunderbares Licht. Lassen Sie dann

Liebe und Erleuchtung aus seinem Horn auf Sie ausstrahlen.

7. Setzen Sie sich auf seinen Rücken und schweben Sie auf ihm über dem Planeten empor.

8. Seien Sie sich gewahr, dass wunderschöne Engel in allen Farben Sie umgeben.

9. Lassen Sie sich vom Einhorn an einen Ort bringen, der Frieden und Heilung braucht. Bitten Sie es, Kugeln schneeweißen Lichts auf das unter Ihnen liegende Land zu senden. Stellen Sie sich vor, dass die Menschen und das Land diese aufnehmen und sich öffnen.

10. Bitten Sie die Engel, von Frieden und Harmonie zu singen und die Elementarwesen der Luft, diesen Gesang über die ganze Welt zu verbreiten. Hören Sie dem Gesang einige Momente lang zu. Auch wenn die Töne jenseits des hörbaren Spektrums liegen, so seien Sie sich doch gewiss, dass gesungen wird.

11. Bitten Sie die mächtigen Engel, gemeinsam das Licht ihrer verschiedenen Strahlen in die Leylinien des Planeten zu senden. Schauen Sie zu, wie das Energienetz erstrahlt.

12. Stellen Sie sich vor, dass der ganze Planet in einem goldenen Licht erstrahlt und bereit ist, in das neue Goldene Zeitalter einzutreten.

13. Entspannen Sie sich, während das Einhorn Sie an Ihren Ausgangspunkt zurückbringt.

14. Bedanken Sie sich bei ihm und bei den Engeln.

15. Öffnen Sie die Augen und empfangen Sie den Dank der geistigen Welten.

Epilog

Unsere Führer und die Engel bitten uns inständig, das zu feiern, was wir bisher erreicht haben. Unser Planet und die meisten seiner Bewohner sind von der dritten in die vierte Dimension aufgestiegen und viele Menschen leben bereits in der fünften Dimension. Diesen Sprung in einer so kurzen Zeit bewältigt zu haben, ist eine außerordentliche Leistung. Die geistige Welt frohlockt und spendet uns Beifall.

Sie sind hierhergekommen, um eine einzigartige Reise auf Erden zu erleben. Deshalb sollten Sie feiern, wie weit Sie schon gelangt sind. Wenn Sie die Zahlen 11.11. sehen, ist das eine Bestätigung dafür, dass Sie wieder einen Schritt nach oben gemacht haben.

Während des großen Übergangs werden Sie und die ganze Welt immer wieder kurze Blicke auf die glorreiche Zukunft erhaschen: Blicke in eine Zukunft, in der wir alle mit offenem Herzen leben, das Beste in anderen sehen und darauf vertrauen, dass das Universum uns immer unterstützt.

Da der neue Schwerpunkt auf Kreativität, Teilhabe, Fürsorglichkeit und Zusammenarbeit im Interesse des Wohles aller Wesen liegen wird, werden Sie sich geborgen und von Ihrer Familie, Ihren Freunden und Nachbarn unterstützt fühlen.

Dank der Öffnung der kosmischen Portale werden Sie wahre Harmonie in der Familie und Liebe verbunden mit persönlicher Freiheit erleben. Sie werden in der Lage sein, Sie selbst zu sein, und Sie werden ermutigt, das zu tun, was Ihrer Seele Erfüllung bringt. Zum ersten Mal seit den Tagen von Atlantis werden Sie die Chance haben, ein tiefes inneres Glück und wahre Zufriedenheit zu verspüren. Sollte das bereits Ihre Realität sein, so sollten Sie sich darüber freuen, dass Sie schon so weit gekommen sind.

Sie werden die volle Verantwortung für alle Ihre Schöpfungen übernehmen und Ihre Meisterschaft einsetzen, um ein Leben in

Freude und im Überfluss zu manifestieren, um zu tun, was Sie erfüllt, um Ihre Talente zu entwickeln und in Harmonie zu leben. Dank Ihres offenen Herzens werden Sie es auch anderen Menschen ermöglichen wollen, ihre verborgenen Gaben zu zeigen. Da Sie immer mehr in Kontakt mit der Natur kommen, werden Sie spüren, welche Weisheit und Liebe von den Bäumen und Blumen ausstrahlt, und Sie werden die außerordentliche kosmische Energie von Meeren und Flüssen spüren. Wenn Sie spazieren gehen, werden Sie sich der Elementarwesen bewusst und erkennen, wie sehr diese unsichtbaren Helfer die Natur, die Lebenskraft und das Wohlergehen aller Lebensformen auf der Erde unterstützen. Sie werden ihre Leichtigkeit und ihre Liebe zu Ihnen und zum ganzen Planeten spüren.

Spirituelle Technologien werden genutzt, wodurch sowohl unser Bewusstsein erweitert als auch unser Alltag erleichtert wird. Ein Beispiel dafür sind die Digitalkameras, die konstruiert wurden, um das Licht der Engel in Form von Orbs sichtbar zu machen. Wenn das Licht im Jahr 2012 und in den Jahren danach weiter zunimmt, werden spirituelle Technologien in den Bereichen Verkehr, Stromerzeugung, Kommunikation und Wetterkontrolle auf eine Weise eingesetzt werden, die wir uns jetzt noch gar nicht vorstellen können. Computer werden höhere Frequenzen nutzen und mit Lichtinformationen arbeiten, sodass sekundenschnelle globale Kommunikation möglich wird, die das Verständnis zwischen Kulturen und Ländern verbessern wird. Die gesamte Technologie wird durch die engere Verbindung zur Natur viel ausgeglichener sein.

Die Menschen werden die Möglichkeiten, die in Kristallen stecken, wiedererkennen. Wenn wir die Kristalle respektieren und anfangen, mit ihnen vom Herzen aus zu arbeiten, werden wir in der Lage sein, ihre Macht mit Weisheit zu entfesseln.

Die Orbs haben es mehr Menschen ermöglicht, an Engel zu glauben und sich auf die Reiche der Engel einzustimmen. Dieses Verständnis und der Glaube an Engel werden rapide zunehmen. Dann werden wir als Welt um die Hilfe der Engel und Einhörner bitten – und sie erhalten. Dadurch werden sich die Möglichkeiten in unserem Leben um ein Vielfaches vergrößern.

Wie wunderbar es sein wird, wenn alle Menschen mit Engeln und Meistern wandeln. Wenn dies geschieht, stellen auch mehr Menschen eine Verbindung zum siebendimensionalen Zentrum unseres Planeten – Hohlerde – her, wodurch unser Aufstieg in die höheren Dimensionen noch beschleunigt wird.

Wir erleben jetzt bereits, wie neue hochfrequente Geschäftsideen entwickelt werden und Erfolg haben, weil die Motivation der dahinter stehenden Menschen darin besteht, sich für das Wohl aller Wesen einzusetzen und den Tieren, den Menschen und der Natur zu helfen. Dieser Trend wird noch zunehmen und allen Wesen dienen.

Überall besinnen sich nun die Frauen auf ihre Macht. Sie erkennen endlich ihr eigenes Licht. Gleichzeitig werden sich einige Religionen der Spiritualität öffnen, wodurch ihre dogmatischen Aspekte abgemildert werden. Das wird es den Menschen ermöglichen, zusammenzukommen und die jeweils andere Kultur zu ehren und zu respektieren.

Da das Bewusstseinsniveau des Westens ansteigt, wenden sich immer mehr Menschen höheren Methoden der Heilung zu. Sie verlassen sich weniger auf die schulmedizinischen Medikamente als Allheilmittel. Diejenigen, die einen Großteil der karmischen Komponente ihrer Krankheiten aufgelöst haben, sehen sich nach natürlicheren Methoden um, ihr Gleichgewicht wiederzuerlangen. Das Interesse, die eigene Gesundheit mithilfe von Klängen, Kristallen, Kräutern, Blütenessenzen, Reiki und anderen spirituellen Heilmethoden aufrechtzuerhalten, wird auch weiterhin zunehmen.

Die Macht des Klangs, uns zu Harmonie und Frieden zu führen und tiefe Heilung zu bewirken, wird bereits anerkannt. Töne und die heilige Geometrie werden zunehmend eingesetzt, um eine fünfdimensionale Schwingung innerhalb von Gemeinschaften aufrechtzuerhalten.

Zurzeit werden ganze Scharen hochfrequenter Kinder geboren. Sie kommen aus allen Universen und sind darauf vorbereitet, uns während der Übergangsphase zu helfen. Sie tragen außerordentliches Licht, Wissen, Informationen und Weisheit in sich. Viele sind schon im Besitz von wichtigen spirituellen Technologien, um uns in das neue Goldene Zeitalter hinüberzuhelfen. Je mehr wir unsere Schwingungsfrequenz in die fünfte Dimension bringen und sie dort halten können, desto mehr von diesen Seelen können auf den Planeten kommen und die in ihnen angelegten Gaben zum Ausdruck bringen. Es werden bereits Babys geboren, die den neuen Bauplan für den Menschen und den Planeten in sich tragen. Wenn die neuen Kinder fünfdimensionale Eltern haben, sind ihre Möglichkeiten unbegrenzt.

Jeden Tag steigt die Anzahl der Menschen, die eine fünfdimensionale Schwingung erreichen und halten können. Wenn dies einer ausreichend großen Zahl von Menschen gelingt, werden wir Weltfrieden und internationale Zusammenarbeit erreicht haben. Wir leben in einer Welt ohne Grenzen, in der alle am Wohlstand teilhaben können. Unsere Zukunft ist golden.

Ich bitte Sie, darüber nachzudenken, welch gute Arbeit Sie bisher geleistet haben, und sich selbst dafür zu gratulieren, dass Sie mit den Veränderungen so gut umgehen konnten. Die letzte Botschaft der Engel lautet: »Feiert euch selbst!« Feiern Sie, wer Sie sind. Feiern Sie Ihr Leben und Ihre Lebensaufgabe. Sie haben Außerordentliches geleistet und die Engel und Einhörner singen über Ihnen, um Sie zu ermutigen und Ihnen Beifall zu spenden. Sie drücken Ihnen ihre Dankbarkeit aus.

Anhang

Die zwölf spirituellen Chakras des Planeten

1.	Erdstern-Chakra	London, Großbritannien
2.	Basis-Chakra	Wüste Gobi, China
3.	Sakral-Chakra	Honolulu, Hawaii
4.	Nabel-Chakra	Fidschi-Inseln
5.	Solarplexus-Chakra	Südafrika
6.	Herz-Chakra	Glastonbury, Großbritannien
7.	Kehl-Chakra	Luxor, Ägypten
8.	Drittes-Auge-Chakra	Afghanistan
9.	Kronen-Chakra	Machu Picchu, Peru
10.	Kausal-Chakra	Tibet
11.	Seelenstern-Chakra	Agra, Indien
12.	Sternentor-Chakra	Arktis

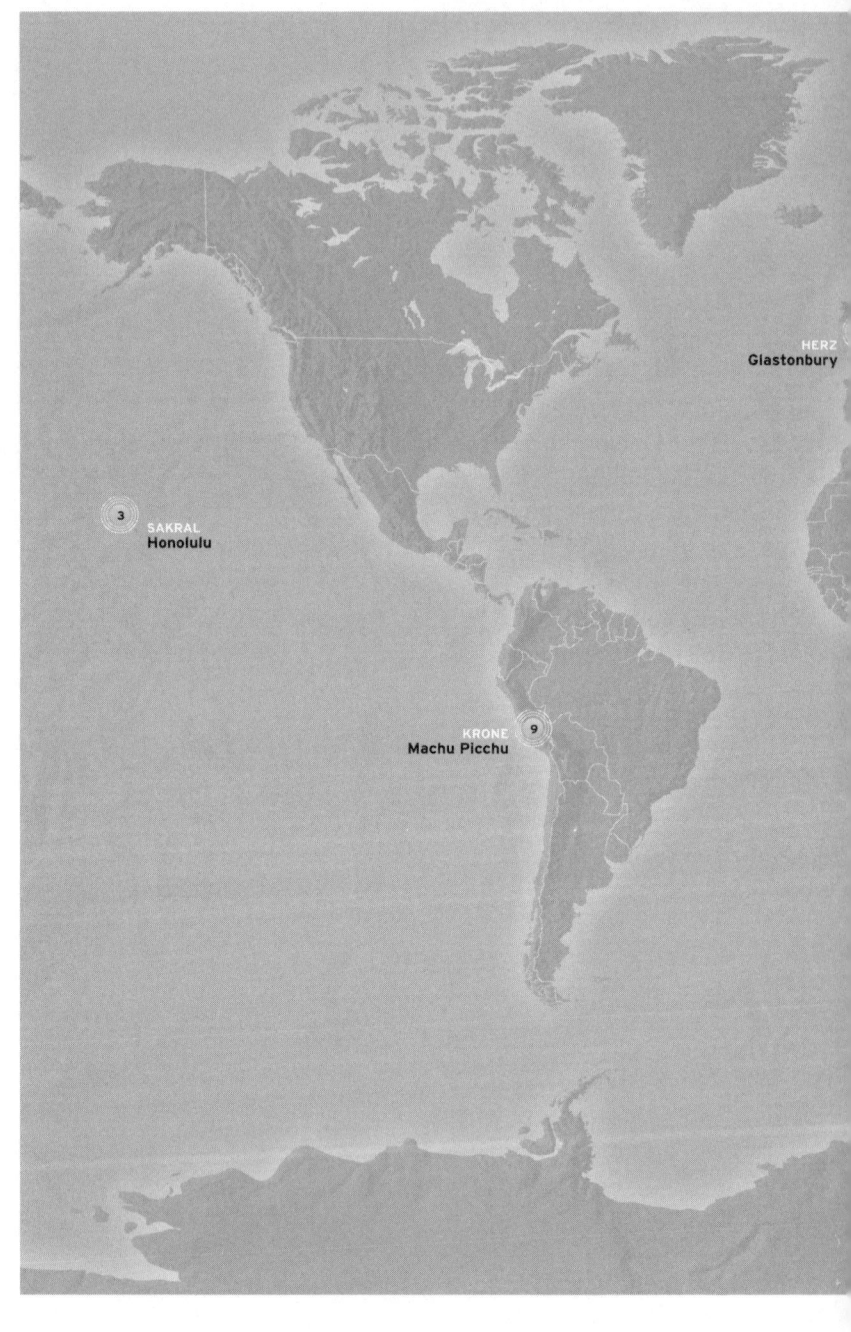

12 STERNENTOR
Arktis

TERN
on

BASIS
2 Wüste Gobi

DRITTES AUGE
Afghanistan
8

KAUSAL
Tibet
10

KEHLE
Luxor 7

SEELENSTERN
Agra 11

NABEL
Fidschi 4

5
SOLARPLEXUS
Südafrika

Die 33 kosmischen Portale

Portal	Zeitpunkt der Öffnung
1. Atlantis – Atlantik	Öffnet sich bereits
2. Lemuria – Hawaii	Öffnet sich bereits
3. Hohlerde – Oklahoma, Kansas, Nebraska, South Dakota, südlicher Teil von North Dakota	Öffnet sich bereits
4. Mu – Pazifik	2012
5. Weisheit der Aborigines Uluru, Australien	2012
6. Weisheit der Maori – Fidschi	2012
7. Weisheit der amerikanischen Ureinwohner – Sedona, USA	2012
8. Großer Kristall von Atlantis – Bermudadreieck	Manchmal offen, manchmal geschlossen
9. Banff, Kanada	2012
10. Weisheit der Inuit – Alaska, Arktis	2012
11. Südpol	2012
12. Weisheit der Maya – Honduras	Öffnet sich bereits
13. Weisheit der Inka – Peru	2012
14. Weisheit der Dogon – Mali	2012
15. Sphinx – Ägypten	2012
16. Mesopotamien (Irak)	Nach 2012
17. Quelle des Ganges, Indien	Vor 2012
18. Varanasi, Indien	Öffnet sich bereits

Portal	Zeitpunkt der Öffnung
19. Manila, Philippinen	2012
20. Mongolei	2012
21. Angkor Wat, Kambodscha	Vor 2012
22. Guanyin – Seidenstraße, China	2012
23. Wuhan, Ostchina	Zwischen 2012 und 2014
24. Shanxi, Nordchina	2012
25. York, Großbritannien	2012
26. Andorra	2012
27. Vor der Küste von Marseille, Frankreich	Kurz vor 2012
28. Omsk, Russland	2012
29. Sibirien	2012
30. Agata, Nordrussland	2014
31. Vulkan Opala, Kamtschatka, Russland	2014
32. Gora Chen, Ostsibirien	Öffnet sich bereits
33. Nordpol, Arktis	Öffnet sich bereits

Nordpol

30 Agata

Gora Chen 32

29 Sibirien

28 Omsk

31 Opala

r der Küste
n Marseille

20 Mongolei   24 Shanxi
22 Seidenstraße

16 Mesopotamien
   (Irak)

17 Ganges (Quelle)   23 Wuhan

Sphinx 15

Varanasi 18

Angkor Wat 21   19 Manila

Fidschi 6

5 Uluru